스마트 경력관리

Career Development Planning

취업 준비생을 위한

스마트 경력관리

서현배(HR FORUM 대표) 지음

취업 준비생을 위한
스마트경력관리

초판 1쇄 인쇄 2003년 1월 7일
초판 1쇄 발행 2003년 1월 10일

지은이 서현배 **펴낸이** 성의현 **펴낸곳** 미래의창

기획실장 김성옥 **책임편집** 김규정 최윤희
디자인 민은숙 **홍보 · 마케팅** 홍화수

© 2002 서현배

등록 제 10-1962 (2000년 5월 3일)
서울시 마포구 합정동 411-2 평화빌딩 3층
전화) 338-5175 / 팩스) 338-5140
E-mail) miraebook@yahoo.com
        miraebook@chollian.net

ISBN 89-89353-36-X 03320

인생 설계의 시작은 제대로 된 경력개발 계획부터

한국은 1997년 겨울 IMF 경제 대혼란을 겪으며 기존의 가치와 질서 속에서는 더 이상 생존할 수 없다는 값비싼 교훈을 얻었다. 국내 대부분의 기업들은 기업 가치의 제고 및 부실 사업부 청산을 통해 대대적이고도 전례 없는 인력 구조 조정을 단행하게 되었고, 구조 조정 및 기업 부도로 인해 거리로 쏟아져 나온 많은 실업자들은 새롭게 전개되는 패러다임에 당혹해 할 수 밖에 없었다. 하지만 많은 이들은 이러한 현상을 단지 한 번 치르고 마는 홍역쯤으로 생각하였고, 경기가 좋아지고 국내 기업들의 구조 조정이 끝나면 다시 옛날과 같은 좋은 시절이 올 것이라고 믿어 의심치 않았다.

하지만 그것은 큰 착각이었다. 물론 한국은 이 전례 없는 경제 위기를 범국민적 결집력으로 단기간에 뛰어넘는 저력을 전 세계에 보여주기는 했지만, 많은 실업자들이 기대하던 것처럼 전과 같은 좋은 시절은 아직 오지 않고 있다. 무엇 때문일까? 아직 국내 경기가 IMF 이전처럼 좋아지지 않았다는 얘기일까? IMF 이후 매년 계속되는 대졸 취업난은 무엇이고, 5%에 육박하는 실업률은 과연 무엇일까? 우리는 이 시점에서 현재 급변하고 있는 노동 시장 및 기업 가치의 코드를 정확하게 읽을 필요가 있다.

기업은 이윤을 목적으로 하는 집합체이다. 어떠한 경우에도 기업의 이윤과 직결하여 의사를 결정하고 실행할 수 밖에 없다. 과거의 기업이 종업원들에게 무조건적인 충성을 요구하면서 반대 급부로 평생 고용을 지켜 주었던 것과는 달리 이제는 기업의 이익과 일치하는 인력만을 유지하고, 필요에 따라 조정하는 것을 반복할 수 밖에 없다. 즉, 무조건적인 충성과 이에 대한 평생 고용이라는 상호 약속이 깨진 것이다. 이러한 시점에서 우리는 직장과 직업이라는 것을 어떠한 시각에서 보아야 할까?

직장은 나의 평생 경력개발을 위해 필요한 터전이다. 이 터전 혹은 마당을 바탕으로 우리는 우리가 목표로 하는 경력개발을 올바른 계획에 입각하여 차근차근 수행해 나가야 한다. 이 때 개인의 경력개발 계획과 기업의 가치가 일치하여야만 나의 경력개발 계획에 입각한 각종 직무 수행 행위가 기업의 이익으로 직결될 때 그 기업과 종업원은 상호 이익 관계를 이룰 수 있으며, 그렇지 않은 상황으로 변화하면 그 관계는 깨어지게 된다.

이것이 이 시대를 살아가는 우리가 세워야 할 취업 전략의 화두이자, 시작이다. 목표가 없는 취업 전략이란 존재할 수 없으며, 경력개발에 관한 개념이 없는 사람에게 기업은 절대 문을 열어 주지 않는다.

결국, 잘 세워진 경력개발 계획을 통해서만 자신이 원하는 직장에 들어갈 수 있으며, 이를 통해서만 자신이 목표로 하는 경력개발 목표를 달성할 수 있는 것이다.

이 책은 여러분들에게 바로 이러한 얘기를 하고자 한다. 아직 국내에서는 그 개념조차도 생소한 CDP(Career Development Planning) 이론에 근거하여 경력개발 계획을 체계적으로 수립하고 그 계획을 바탕으로 자신이 달성하고자 하는 목표에 어떤 방식으로 접근해가야 하는 지에 대한 구체적인 방법론을 제시하고자 한다. 이미 취업 및 경력 관리에 대한 책들은 넘쳐날 정도로 많이 있다. 그러나 대부분의 책들은 한 개인의 주관적인 경험이나 생각들을 정리해 놓은 한계를 넘어서지 못하고 있다. 실제 많은 책들이 제시하고 있는 여러 방법들은 현업에서 오랜 동안 채용 업무를 해 온 필자가 보았을 때 실소를 자아내게 하는 경우가 많이 있다.

이 책은 여러분들에게 심리학적, 경제학적, 경영학적인 측면에서 도출된 과학적인 측정 방법 및 전략 수립 방법들을 제시하고자 노력하였다. 아울러, 전세계 유명 회사들의 인사 정책의 틀을 이루고 있는 핵심적인 이론들 -- 핵심 역량 이론, 성과 측정 이론, 평가 이론 등 -- 을 바탕으로 여러분들에게 가장 보편적이고 선진적인 방법론들을 보여 주려 하였다. 이 책은 이제 막 학교를 졸업하고 취업을 준비하는 학생들이나, 경력 관리에 노력하고 있는 직장인들 모두에게 매우 필요한 책이며, 특히 이 책을 접하는 나이가 어리면 어릴수록 그 효과를 더욱 클 것이다.

필자는 이 책이 많은 취업 준비생과 직장인들이 자신의 경력 목표를 제대로 세우고 목표 달성 과정에 도움을 줄 수 있는 진정한 가이드북이 되기를 바란다. 그들 중 몇 사람이라도 이 책을 통해 자신의 목표를 진정으로 달성하고 자신의 인생의 주인공이 될 수 있다면 필자로서는 더 바랄 것이 없다.

2002년 가을

서현배

7 면접에서 성공하기

8 직장 내 성공 전략

후기

부록

Career Development Planning의 정의 및 개요

CDP란 무엇인가?

CDP(Career Development Planning)란 성공적인 인생을 위해 체계적으로 경력개발 계획을 세우고 관리하는 과정을 의미한다. 미국 등 서구 선진국에서는 개인 및 기업의 성공과 발전을 위해 오래 전부터 이 과정을 정규 교과 과목으로 채택하고 있다. CDP는 자기 자신에 대한 객관적이고 과학적인 분석 및 평가를 통해 가장 적합한 경력개발 목표를 초기 단계에서부터 설정할 수 있도록 하는데, 체계적이고 다양한 정보 수집과 전략적인 구직 계획을 수립함으로써 성공적인 취업을 가능하게 하며 궁극적으로는 목적 지향적, 성과 중심적 인재를 육성하여 개인과 기업체의 경쟁력을 동시에 제고하고자 하는 것을 목적으로 한다.

자신이 가지고 있는 능력이 무엇이고, 하고 싶은 분야가 어떤 것인지, 그리고 자신이 그 분야의 일을 하기 위해 필요한 것이 무엇인지를 처음부터 알고 시작하는 사람과 그것을 모르는 채 주어진 업무를 수행해 나가는 사람은 업무의 성과 및 만족도 차원에서 많은 차이가 있다는 것은 분명한 사실이다. 즉, CDP라는 과정을 통해 자신의 궁극적인 경력개발 목표와 이를 달성하기 위한 중·장기 계획을 명확하게 세운 사람은 취업 과정에서 뿐만 아니라, 직장 내에서 업무를 수행하는 과정에서도 그렇지 못한 사람들과는 확연하게 구별되어질 수밖에 없다.

오늘날의 기업은 목적 지향적 인재를 원한다. 과거처럼 자신의 목표와 이를 위한 계획 없이 회사에 대한 무조건적인 충성심으로 회사를 바라보는 인력은 더 이상 원하지 않는다. 회사는 나의 경력개발 목표를 달성하는 장이며, 나의 목표 달성 과정이 회사의 이익 형성 과정과 일치할 때 Win-Win의 노사 관계가 형성될 수 있다. 우리가 CDP라는 과정을 반드시 거쳐야 하는 절대적인 이유도 바로 이것이다.

CDP 과정은 크게 다음 여섯 단계로 이루어진다.

1. 자기 평가 과정

자신에게 맞는 직업 및 직무를 선정하기 위해 자신의 성격 및 성향, 가치관, 자신이 보유한 기술, 전문 지식, 적성 분야 등 자신에 대한 객관적이고 과학적인 평가와 분석을 하는 과정이다.

2. 리서치 및 정보 수집 과정

자기 평가 과정을 통해 얻어진 정보를 바탕으로 자신이 관심 있는 몇몇 분야를 선정, 그 분야에 대한 정보를 검색하고 수집하는 과정이다.

3. 의사 결정 과정

자기 평가 및 리서치 과정을 통해 얻어진 정보를 바탕으로 자신의 경력개발 목표, 개인 목표, 소속 집단에 대한 목표, 궁극적 목표들을 수립하는 과정이다. 이 과정은 정보 검색 수집의 최종 과정이며, 구체적인 구직 활동에 들어가기 위한 시작 과정이다.

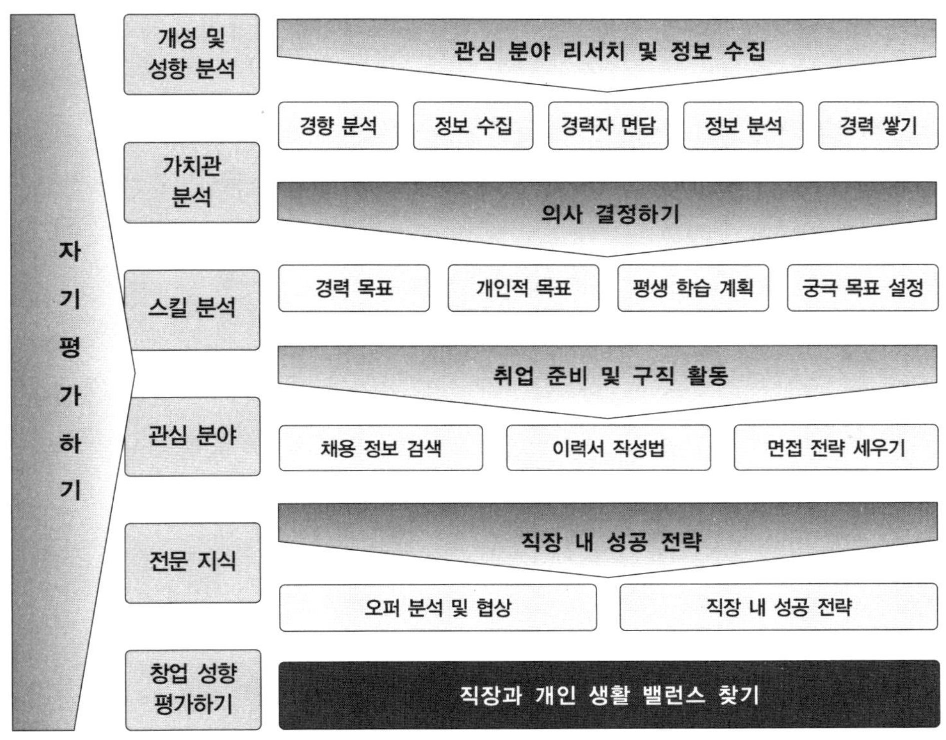

[그림 1-1] CDP 모듈(Module)

4. 취업 준비 및 구직 활동

설정된 목표를 바탕으로 구체적인 산업군 및 회사를 선정하고, 해당 정보를 수집하고, 직접적인 구직 활동을 하는 과정이다. 이 과정에서는 이력서 준비 및 면접 준비에 대한 자세한 내용도 포함된다.

5. 직장 내 성공 전략

면접 후 채용 통보를 받은 경우, 회사로부터 온 채용 오퍼를 분석하고 최종적으로 해당 회사와 직무에 대해 분석·판단하고 결정하는 방법과 입사 후 단시간 내에 회사에 적응하여 성공적으로 직장 생활을 해나가는 전략이 소개된다.

6. 직장과 개인 생활의 밸런스

자신의 삶 전반에 대한 성공적인 개발을 위하여 직장과 개인 생활의 조화를 찾아나가는 방법을 알아본다.

2

자기 평가 과정

백전백승(百戰百勝)을 위한 지기(知己)의 단계

'지피지기(知彼知己)면 백전백승(百戰百勝)'이라는 말이 있다. 자기 자신을 알고 남을 알면 백 번 싸워 백 번 이긴다는 말이다. 동서고금을 막론하고 이 말은 진리로 통한다. 자기 평가하기(Self Assessment)는 성공적인 경력개발 계획을 수립하는 과정 중 백전백승(百戰百勝)을 위한 지기(知己)의 단계이다. 두말할 나위 없이 경력개발 계획을 위한 첫 단추 끼우기라 할 수 있다. 첫 단추이니만큼 정말 잘 끼워야 한다는 것은 굳이 강조하지 않아도 잘 알 것이다.

소설의 작가 시점 중 '관찰자 시점'이라는 것이 있다. 제 3자가 되어 주인공들을 바라보며 이야기를 전개해나가는 것이다. 우리는 언제나 우리 인생의 주인공으로 살아왔으며, 앞으로도 그렇게 살아갈 것이다. 하지만 우리 인생에서도 이 '관찰자 시점'이 필요할 때가 있다. 현실적이고도 합리적인 계획을 세우기 위해서는 반드시 자신을 객관적인 관찰자적 시점으로 바라볼 수 있어야 한다. 자신을 얼마나 객관적으로 평가할 수 있느냐가 올바른 경력개발 계획 수립의 관건이다.

사실 한 개인을 객관적으로 평가한다는 것은 매우 어려운 일이다. 필자 또한 헤드헌터로서 매일 새로운 사람들을 만나 얘기를 나누고, 그들을 나름대로의 기준을 통해 분류하고 평가하는 일을 십 년이 넘게 해 왔지만, 아직도 누군가를 평가하고 분류하는 것이 어렵기만 하다. 자신을 평가할 때는 올바른 기준과 잣대로 분석평가하는 것이 가장 중요하다. 이 책에서는 성격 및 성향, 가치관, 보유 기술, 전문 지식, 학습 스타일 등 크게 다섯 가지의 분류를 통해 평가를 해 보고자 한다.

성격 및 성향 분석

자신의 성격과 성향을 정확하게 분석하고 평가해 보는 일은 성공적인 취업 전략을 위해 매우 중요하다. 아무리 좋은 직업이나 직장이라 할지라도 자신의 성향 및 적성, 가치관과 부합되지 않는다면 업무 만족도 및 삶의 만족도가 떨어질 수밖에 없다.

필자가 헤드헌터 일을 시작하고 얼마 되지 않아 만났던 변호사가 한 명 있었다. 그녀는 두 자녀를 둔 어머니였으며, 한국에서 가장 큰 법률 회사에서 매우 촉망 받는 변호사 중 한 사람이었다. 하지만 그녀는 변호사 일을 시작한 지 2년이 되어가면서 과중한 업무량과 패소에 대한 스트레스, 사람들과의 잦은 만남에 서서히 지쳤고 급기야 현재의 일이 자신의 적성과 잘 맞지 않는다는 생각을 하게 되었다고 했다.

필자는 그녀가 현재 하고 있는 업무에 대해 면밀히 분석하고, 그녀의 성향과 적성 분야에 대해 객관적인 평가를 실시해 보았다. 놀랍게도 그녀의 도전 의식과 성취 욕구에 대한 성향은 그 직무를 수행하기에 상대적으로 낮은 것으로 나타났다. 그녀가 자신의 업무에 지치고 힘들어 하는 것도 무리는 아닌 듯 했다. 나는 그녀에게 상대적으로 업무적인 스트레스가 현재보다 좀 덜한 회사의 고문 변호사 자리를 추천해 주었고, 그녀는 현재 매우 만족해 하면서 그 업무를 수행하고 있다.

사람들은 나름대로 각기 다른 환경 속에서 자라고 성장해 왔다. 각자의 가정 환경 및 사회 환경이 다르고, 살아오면서 겪어왔던 경험과 기억들이 모두 다르다. 그리고 심지어는 세세한 유전자조차도 모두 다르다. 심리학이 발달하면서 인간의 행동과 사고에 대한 패턴을 분류하고 정리하려는 시도가 수도 없이 있었다. 이러한 패턴의 구분을 통해 유형별로 성향 및 특성을 분류하고, 다시 그러한 분류 결과를 통해 카오스적인 사람들의 행동과 사고를 어느 정도 예상하고 판단하려고 했다.

우리는 이미 많은 적성 및 성향 테스트를 받아보았다. 따라서 이 책에서 이러한 유형의 테스트를 또다시 시행할 이유는 없다고 보며 이미 자신이 실행해 보았던 테스트를 바탕으로 각자 자신의 성향 및 가치관, 적성이 어떤 것인지를 생각해 보았으면 한다. 아직 테스트를 받아 보지 못한 사람들은 인터넷 상에 이러한 테스트를 무료로 시행하고 있는 사이트들이 상당히 많으므로 한번씩 해 보기 바란다. 좀더 자세한 테스트나 상담이 필요하다면 전문 적성 검사 기관을 찾아갈 수도 있다. 적은 비용으로 만족할 만한 결과를 얻을 수 있을 것이다.

대표적인 적성 및 성향 테스트로는 MBTI(Myers-Briggs Type Indicator)와 홀랜드(Holland) 테스트가 있다. MBTI 테스트는 주로 회사에서 조직 내 성향 분석을 위해 많이 이용되며, 홀랜드 테스트는 직무 적성과 관련하여 진로 지도용으로 많이 활용된다. 이러한 테스트들을 통해 자신의 적성 분야가 어떤 것인지, 어떠한 분야의 직업이 자신에게 맞는지 한번씩 체크해 보도록 하자. 참고로 홀랜드(Holland) 직무 적성 모델 및 그에 맞는 직업에 대해 간략히 소개하면 다음과 같다.

세계 각국에서 진로 적성 검사용으로 많이 활용되고 있는 존 L. 홀랜드 박사의 RIASEC 이론에 의하면 사람들은 크게 현실주의형(Realistic), 탐구가형(Investigative), 예술가형(Artistic), 사회형(Social), 기업가형(Enterprising), 관습주의형(Conventional) 의 6가지 대표 유형별 직업로 분류될 수 있다. 이 RIASEC 이론에서는 각각의 유형에 대한 특성을 파악하고 그에 알맞은 직업 형태를 제안한다.

홀랜드 진로 적성 모델 및 유형별 적합한 직업군

• 현실주의형(Realistic)

신체적으로 건강하고 운동을 좋아하며 기계 등을 다루기 좋아한다. 도구를 이용하여 야외에서 일하는 것을 좋아하고 대면적인 일보다는 사물을 다루는 일에 적합하다.

적합한 직업 기술자, 엔지니어, 기계기사, 정비사, 전기기사, 운동선수, 건축가, 도시계획가 등

• 탐구가형(Investigative)

수학적 · 과학적 능력이 뛰어난 유형이다. 혼자 일하는 것을 좋아하고 복잡하게 얽힌 문제를 푸는 것을 좋아한다. 대면적이고 사물을 다루는 일보다는 아이디어를 다루는 일에 적합하다.

적합한 직업 과학자, 의사, 생물학자, 화학자, 수학자, 저술가, 지질학자, 편집자 등

• 예술가형(Artistic)

예술적인 작업이나 독창적이고 창조적인 것을 만드는 것에 능하다. 사물을 다루는 것보다 아이디어를 다루는 일에 적합하다.

적합한 직업 예술가, 시인, 소설가, 디자이너, 극작가, 연극인, 미술가, 음악평론가, 만화가 등

• 관습형(Conventional)

사무적인 업무 처리 및 수학적인 계산에 능하다. 사무실 안에서 근무하는 것을

선호하고 잘 조직된 회사를 선호한다. 대면적인 일보다는 언어나 숫자를 다루는
일을 선호한다.

적합한 직업　회계사, 세무사, 경리사원, 은행원, 법무사, 컴퓨터 프로그래머 등

• **기업가형(Enterprising)**

리더십이 강하고 웅변력과 대화 능력이 뛰어나다. 정치나 경제 부분에 관심이
많고 단순한 사물을 다루는 일보다는 사람과 아이디어를 다루는 일에 적합하다

적합한 직업　정치가, 기업경영인, 광고인, 영업사원, 보험사원, 판사, 관리자, 공장장 등

[그림 2-1] 홀랜드 모델

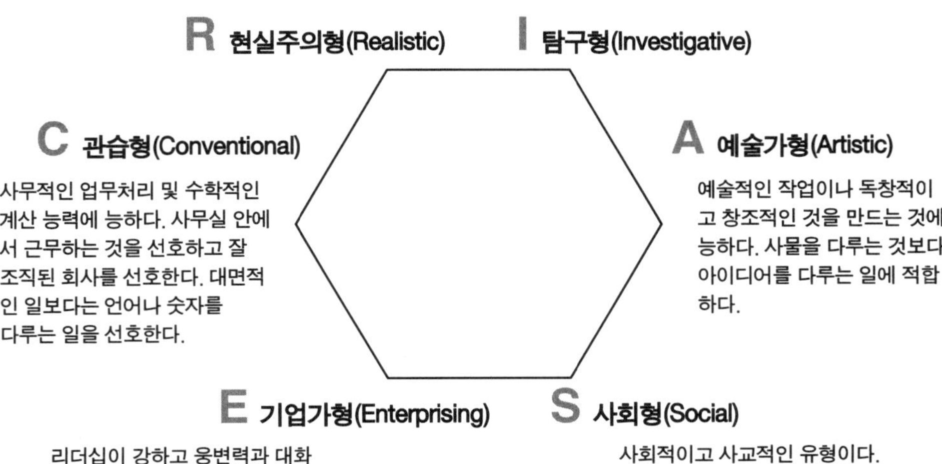

- **사회형(Social)**

사회적이고 사교적인 유형이다. 사회적인 관계 형성이나 어려움에 처한 사람을 돕는 일에 관심이 많다. 대면적인 일에 적합하다.

적합한 직업 교사, 임상치료사, 사회복지사, 양호교사, 간호사, 청소년지도자, 유아원장, 종교지도자, 상담가, 사회사업가 등

가치관 분석

사람은 누구나 자기만의 가치관을 가지고 있다. 유년기와 청년기를 거쳐 형성되기 시작하는 가치관은 성인이 되면서 자신만의 것으로 확고해진다. 이 가치관은 쉽게 변하지 않으며, 단시간 내에 형성되지도 않는다. 그런데 대부분 사람들의 삶에 대한 만족도 즉, 행복의 척도는 자신의 가치관과 매우 깊은 연관을 갖고 있다. 자신의 가치관과 부합된 인생을 살아가는 사람은 그렇지 못한 사람에 비해 삶에 대한 만족도가 그만큼 높다고 볼 수 있다. 자신의 가치관 분석을 통해 현재 자신이 하고 있는 일, 직장이 자신이 살고자 하는 인생에 얼마나 부합하는 알아볼 필요가 있다.

그러나 자신이 어떠한 가치관을 가지고 살아가고 있는지를 파악하는 것이 그리 쉽지만은 않다. 제각기 생각하는 방법과 표현하는 스타일이 다를 뿐더러 여러 혼재된 것들 중에서 과연 나의 가치관은 어떤 쪽에 더 가까운지 명확히 판단하는 것도 쉬운 일이 아니기 때문이다. 아래 표는 자신의 가치관을 분석하는 데 약간이나마 도움을 주고자 각자 어떠한 것에 가치를 느끼고 살아가는지를 체크해 볼 수 있는 리스트이다. [표2-1, 가치 평가 리스트]를 살펴 보고 자신이 가치 있다고 생각하는 것들을 체크해 보기 바란다. 체크가 끝난 다음 '예' 항목에서 자신의 가치관과 가장 부합된다고 생각하는 것들을 다섯 개만 골라 30페이지에 있는 [표 2-4,

자기 종합 평가표]에 기록하기 바란다.

[표2-1] 가치 평가 리스트

세 부 항 목	예	아니오
자신이 담당하는 일을 장악하는 능력이 있는가?		
명확한 기준과 가이드라인이 있는가?		
과정도 중요하지만 결과가 좋은가?		
실질적인 일을 하고 있는가?		
내부에서의 일보다는 외부에서 일하는 것이 좋은가?		
복잡하고 어려운 일이나 상황에 참여할 수 있는가?		
나에게 모든 권한과 책임이 주어지는가?		
나의 지식과 능력을 다른 사람들이 인정해 주는가?		
일을 하면서 항상 새롭게 배울 수 있는 것이 있는가?		
자신의 업무 능력과 기술이 뛰어나다는 것을 남들에게 보여줄 수 있는가?		
아이디어를 문서로 작성하고 발표할 수 있는 능력이 있는가?		
나의 개성을 자유롭게 표출할 수 있는가?		
새로운 것들을 공부하고 창조하는 것이 좋은가?		
새로운 아이디어, 프로그램, 체계 등을 만들어낼 수 있는가?		
자신의 인생과 라이프스타일을 체계적으로 관리하고 통제할 수 있는가?		
타인을 직접적으로 돕는 과정에 참여할 수 있는가?		
세계 발전에 공헌할 수 있는가?		
다른 사람들과 차별성을 만들어 낼 수 있는가?		
자기 개발의 기회를 가질 수 있는가?		
다른 사람과 함께 공동의 목표를 위해 일할 수 있는가?		

뒷면에 계속

세 부 항 목	예	아니오
목표를 향해 남들보다 빠르게 나갈 수 있는가?		
높은 수준의 생활을 영위할 수 있는가?		
다른 사람들의 활동에 영향력을 줄 수 있는 권력을 가질 수 있는가?		
타인에게 감명을 주고 존경을 받을 수 있는 사람이 될 수 있는가?		
책임과 권한을 가지고 타인의 기대 요건을 충족시켜 나갈 수 있는가?		
세밀한 부분까지 주의가 요구되는 일을 완벽하게 수행하고 있는가?		
고용의 안정성이 보장되는가?		
업무의 역할 및 임무가 명확한 곳에서 일하고 있는가?		
근무 시간이 일정하고 업무의 변동이 적은 곳에서 일하고 있는가?		

핵심 역량 분석

핵심 역량이란, 어떠한 업무를 수행함에 있어서 갖추고 있어야 할 능력 혹은 역량을 의미한다. 일반적인 업무 수행 능력 및 지식과 비교했을 때 핵심 역량은 좀더 광범위하고 간접적인 자질이나 능력을 의미한다. 예를 들어, 경리 직무를 수행하기 위해 요구되는 업무수행 능력 및 지식이 엑셀 활용 능력, ERP 활용 능력, 부기 능력 등이라면, '숫자에 대한 감각' 과 같은 것은 핵심 역량이라고 볼 수 있다.

핵심 역량은 이렇게 광범위하고 간접적이긴 하지만 성공적인 업무 수행에 있어서는 없어서는 안 될 필수적인 요소라고 볼 수 있다. 즉, '숫자에 대한 감각' 이 떨어지고 선천적으로 숫자를 싫어하는 사람이 아무리 경리 업무수행 능력 및 지식을 갖추었다고 하더라도 업무의 효율성이나 결과는 좋지 않을 수밖에 없다. 아울러 업무에 대한 만족도 또한 매우 떨어질 것이다.

  ‘핵심 역량(Competency)’이라는 개념은 미국의 여러 회사들에서 처음 제기되었는데 마이크로소프트, 제네럴 일렉트릭 등은 자신의 회사가 성공하게 되었던 성공 요소(Success Factors)가 무엇인지를 파악해 보려고 했다. 그리고 자신의 회사가 성공하게 되었던 요소들을 분류별로 좀더 세분화하는 작업을 수행하였는데 이렇게 해서 도출된 요소들이 전사 임직원들이 갖추어야 할 핵심 역량이 되었던 것이다.

  핵심 역량의 활용 사례는 매우 광범위하며 구체적이다. 각 회사들은 자기들 나름대로의 핵심 역량을 선정하고, 이를 모델화하여 우수 인력의 채용, 직원들의 교육 개발, 업무 평가 등에 다양하게 활용하고 있다. 최근 국내 회사들에서도 대기업이 주축이 되어 이러한 핵심 역량 모델을 수립하고 있으며, 수립된 핵심 역량을 바탕으로 인력의 채용과 교육에 많이 활용하고 있다.

  핵심 역량은 이미 언급한 바대로 회사마다 조금씩 다르다. 회사가 속해 있는 산업 분야, 주요 제품, 경기 사이클 등에 따라 요구되는 핵심 역량이 다를 수밖에 없다. 이 책에서는 공통적으로 광범위하게 사용되고 있는 핵심 역량 몇 가지를 소개하고자 한다. [표2-2, 핵심 역량 리스트]를 참조하여 자신의 핵심 역량은 어떤 것들인지 분석해 보고, 이력서 작성 및 면접 준비에 활용한다면 만족스러운 결과를 얻게 될 것이다. 마찬가지로 체크가 끝난 다음 30페이지에 있는 [표 2-4, 종합 평가표]에 기록하기 바란다.

[표 2-2] 핵심 역량 리스트

핵 심 역 량	있다	없다
변화 관리 능력 (Change Management)		
타인에 대한 조언 및 상담 능력 (Coaching & Mentoring)		
커뮤니케이션 능력 (Communication)		
협상 능력 (Negotiation)		
문제 해결 능력 (Problem Solving)		
집중력과 업무 추진 능력 (Focus & Drive)		
지적 능력 (Emotional Intelligence)		
신뢰 구축 능력 (Building Trust)		
개념적 사고 능력 (Conceptual Thinking)		
체계적 사고 능력 (System Thinking)		
마케팅 능력 (Marketing)		
비즈니스 운영 능력 (Running the Business)		
회계 능력 (Finance)		
인적 자원 운영 능력 (Human Capital)		
전략 기획력 (Strategic Planning)		

전문 지식 분석

자신이 보유하고 있는 전문 지식에는 어떤 것들이 있는지를 분석해 보기 위해서는 전문 지식을 체득하게 되는 여러 경로에 대해 이해할 필요가 있다. 고등학교 수업 과정, 대학교 전공/수강 과목/프로젝트 수행/논문, 동아리 활동, 사설 교육 기관에서의 수학, 업무 수행, 회사에서의 프로젝트 수행, 독서, 여행 등 매우 광범위하고 지속적인 경로를 통해 우리는 전문 지식을 습득해 왔으며, 앞으로도 해 나갈 것이다.

구슬이 서 말이라도 꿰어야 보배라는 말이 있다. 이렇듯 광범위하고 지속적인 경로들을 통해 우리가 습득하여 온 전문 지식이 아무리 많다고 하여도 자신의 것으로 구체화하여 개념화되지 않으면 아무런 소용이 없다. 누군가 당신이 현재 보유하고 있는 핵심 역량이나 전문 지식이 무엇인지 구체적으로 제시해 보라고 한다면 과연 쉽게 자신의 것을 제시해 보일 수 있는가? 만약 그렇게 못한다면 그 이유는 결코 당신이 가지고 있는 것이 없기 때문이 아니라, 그것을 구체화 · 체계화시키지 못하기 때문이다.

보유하고 있는 지식을 구체화시키기 위해 [표2-3, 전문 지식 분석표]를 작성해 보자. 도표에서 '구분' 난에는 자신이 지금까지 지식을 습득해 온 경로를 기입한다. 위에 열거한 부분들을 활용하여 자신에게 전문적인 지식을 습득할 수 있게 해 준 루트를 작성해 보자. '세부 항목' 난은 각 루트를 통해 자신이 습득하게 된 지식을 자세하게 기재하면 된다. 지식 습득 기간이나 일자, 수강 과목, 점수 등 가능하면 자세하게 기재하기 바란다.

전문지식 분석표를 자세하게 작성하였다면 이 중에서 자신이 가장 내세울 수 있는 전문 지식이라고 판단되는 다섯 가지를 선별해 보도록 하자. 객관적으로 평가할 수 있는 점수나 숫자가 없으므로 자신이 생각하기에 남들보다 뛰어나거나

[표2-3] 전문 지식 분석표

구 분	세 부 내 용
예) Training Center	• 2002. 10. 3~5(3일간) • CDP코치 과정 • CDP 이론에 입각한 코치로서 커리어 컨설팅 및 CDP 교육 강사로서의 전문 지식 습득

자신이 보유한 여러 지식 중 좀더 중요하고 강한 부분이라고 판단되는 것을 기재하면 된다. 이것은 이력서 작성이나 면접 시 매우 유용하게 사용될 것이다.

나의 주요 전문 지식 영역 5가지

1. 예) 프리젠테이션 작성 및 발표

2.

3.

4.

5.

학습 스타일 분석

사람들은 저마다 선호하는 학습 스타일이 있다. 자신이 선호하는 학습 스타일이 무엇인지 정확하게 파악하고, 이를 통해 학습 계획을 세워야만 학습과 교육의 효과를 높일 수 있다. 이를 위해서는 자신이 지금껏 교육 받아 왔던 과정이나 환경들을 자세히 살펴보고 어떤 환경에서 학습의 효과가 높았는지를 살펴 보면 된다. 다음은 일반적으로 많은 사람들이 선호하는 주요 학습스타일 유형들이다. 이를 기준으로 자신의 스타일을 알아 보자.

- 자유로운 학습 분위기 / 체계화된 학습 분위기
- 자신의 학습 속도에 맞게 학습 / 학교나 선생님의 속도에 맞게 학습
- 조금씩 단계별로 학습 / 시험 등 목적을 위주로 학습
- 혼자 학습 / 그룹과 함께 학습
- 조용한 분위기 학습 / 음악 등 다른 소리 등과 함께 학습
- 암기 위주의 학습 / 실습 위주의 학습
- 강의 위주의 학습 / 컴퓨터, 멀티미디어 등을 통한 학습

- 업무를 통한 학습 / 사례 연구 등을 통한 학습

- 토론을 통한 학습

- 역할극(Role Play)이나 시뮬레이션 등을 통한 학습

- 논문 등을 작성하면서 하는 학습

- 책을 통한 학습

나의 주요 학습 스타일 5가지

1. (예) 학습 테이프를 이용한 운전 중의 학습

2.

3.

4.

5.

창업 성향 분석

　최근 몇 년 동안 불어닥친 벤처 열풍의 영향으로 점점 더 많은 사람들이 자신의 경력개발의 한 방법으로 창업을 선호하고 있다. 하지만 무조건적인 창업에 앞서 자신이 일반적인 직장 생활보다 창업에 더 맞는 성향을 가지고 있는지 면밀히 분석해 볼 필요가 있다. 여기에서 창업성향 분석만 자세하게 다룰 수는 없지만 성공적인 창업을 위해 필요한 기본적인 성향에 대해 짚어 보기로 하자.

- 새로운 도전을 즐기는 성향인가?
- 성취 욕구가 남들보다 많은 편인가?
- 자신의 능력에 대해 확신을 가지고 있는가?
- 스스로 현실적인 계획을 잘 세우는 편이라고 생각하는가?
- 끈기 있는 성격인가?
- 불확실한 것에 잘 대처하는 편인가?
- 한번 시작한 일은 반드시 끝내는 편인가?
- 위험을 대체로 잘 감수하는 편인가?
- 스스로 조직화되어 있는 사람이라고 생각하는가?

　상기 질문들 대부분에 긍정적인 답변을 할 수 있다면 당신은 창업 성향이 강한 사람이라고 할 수 있다. 또한 앞서 실시한 홀랜드 테스트에서 기업가 유형에 속하는 사람들은 대체로 창업 성향이 강하다고 할 수 있다. 다시 한 번 강조하지만, 창업을 결정하기 전 자신의 창업 성향을 꼼꼼하게 살펴보기 바란다.

종합 평가표 작성

지금까지 우리는 여러 측면에서 자신에 대한 평가와 분석을 실시해 보았다. 이제 [표 2-4, 자기 종합 평가표]를 이용하여 지금까지의 결과들을 하나의 도표로 종합하여 보자. 이 자료는 이력서 작성, 면접 준비, 학습 목표 설정 등 앞으로의 성공적인 경력개발을 위해 매우 유용하게 활용될 것이다. 특히 핵심 역량 및 전문 지식 부분은 자신이 목표로 하고 있는 경력개발을 위해 무엇이 얼마나 부족한지, 또 그 부족함을 채우기 위해 어떻게 학습 목표를 세워야 하는지 등을 결정하게 될 주요한 지표이다. 반드시 매년 자신의 핵심 역량 및 전문 지식 부분을 업데이트하고 새롭게 평가표를 작성해 보기 바란다. 자기 종합 평가표를 성심껏 작성하여 플래너나 다이어리에 항상 지니고 다니는 것이 좋다.

[표 2-4] 자기 종합 평가표

성격 및 성향 Top 5
1. 예) 외향적, 활동적
2.
3.
4.
5.
가치관 Top 5
1. 예) 새로운 것을 창조해 나가는 것
2.
3.

4.
5.
핵심 역량 Top 5
1. (예) 문제해결 능력
2.
3.
4.
5.
전문 지식 분야 Top 5
1. (예) 프리젠테이션 작성 및 발표
2.
3.
4.
5.
학습 스타일 및 창업 성향
(예) 학습테이프를 이용한 운전 중 학습

장점 및 약점 분석

　지금까지의 과정을 통해 여러분은 자신의 강점과 약점에 대해 충분히 분석해 보았을 것이다. 이제 상기 자료들을 바탕으로 자신이 보유한 강점 부분과 부족한 약점 부분이 무엇인지를 [표 2-5, 나의 강점과 약점 분석표]에 정리해 보도록 하자. 강점 부분은 향후 경력개발 과정에서 최대한 활용하여야 하고 개발해야 할 부분이며 약점 부분은 올바른 학습 계획을 통해 끊임없이 보완하고 노력해야 할 부분이다.

[표 2-5] 나의 강점과 약점 분석표

나의 강점 부분
1. 예) 문제해결 능력
2. 예) 스페인어 상급 수준
3.
4..
5.
6.
7.
8.
9.
10.
나의 약점 부분
1. 예) 영어구사력이 약함

2. (예) 컴퓨터 활용능력 떨어짐
3.
4.
5.
6.
7.
8.
9.
10.

3 관심 분야 리서치 및 정보 수집

백전백승을 위한 지피(知彼)의 시작!

이제 자기 자신에 대한 객관적이고 과학적인 평가를 통해 지금까지와는 다른 시각으로 자신을 응시할 수 있게 되었다. 어느 정도 자신의 적성 및 관심 분야를 파악하게 되었을 것이며, 자신의 강점과 약점도 잘 알게 되었을 것이다. 그렇다면 이제 이러한 자료를 바탕으로 본격적인 리서치와 정보 수집에 들어가 보도록 하자.

정보화 사회라는 말은 신물이 날 정도로 많이 들었을 것이라 생각된다. 각종 하드웨어, 소프트웨어의 발달로 이 순간에도 방대한 양의 정보가 처리되고 저장되고 있으며, 인터넷이라는 공개 네트워크를 통해 우리는 클릭 한 번으로 전세계의 다양한 정보에 손쉽게 접근할 수 있게 되었다. 오늘의 하루는 과거 10년 전의 열흘과 맞먹는다. 10년 전 열흘 걸려 처리할 수 있었던 일이 이제 불과 하루 만에 처리되며, 그만큼 변화의 속도 또한 빠르다. 이 장은 백전백승을 위한 지피(知彼)의 단계로, 효율적인 지피(知彼)의 방법에 대해 자세히 얘기해 보고자 한다.

노동 시장의 경향 이해

노동시장은 정체되어 있는 시장이 아니다. 항상 움직이며 어제의 유망 직종이 오늘의 사양 직종이 되기도 한다. 특히 오늘날과 같이 급변하는 시대에는 더욱 그러하다. 국내 경기의 변화, 세계 정세의 변화, 주요 수출 대상국의 전이, 기술의 발달 등 노동 시장을 끊임 없이 변화시키는 요소들은 매우 다양하다. 올바른 경력 개발 계획을 세우기 위해서는 자신에게 맞는 것을 찾는 것도 중요하지만, 향후 발전 가능성을 따져 보는 것 또한 매우 중요하다고 할 수 있다. 노동 시장에 대한 분석은 짧게는 당장 내일을, 길게는 수십 년을 생각해야만 한다.

노동 시장의 경향을 분석하고 유망 직종 및 산업 분야를 이해하는 방법은 여러 가지가 있으며 활용할 수 있는 자료 또한 매우 다양하다. 전문 서적, 경제 잡지, 정부 정책, 일간지, 인터넷 등이 모두 중요한 자료가 될 수 있다. 우리는 이러한 여러 부분의 자료들을 꾸준히 살펴 보며, 향후의 트렌드를 분석하고 파악하는 능력을 길러야만 한다. [표 3-1]은 노동 시장의 트렌드를 결정 짓는 일반적인 요소를 정리해 놓은 것이다.

직업 형태의 트렌드 이해

프리랜서라는 직업의 형태가 이제는 꽤 친숙하게 들린다. 하지만 이 새로운 직업의 형태가 우리에게 소개된 것은 생각하는 것만큼 그리 오래 되지 않았다. 우리는 '일을 한다' 라고 하면 흔히 한 회사에서 정규직으로 근무하는 것을 떠올린다. 하지만 직업의 형태는 정규직 뿐만 아니라, 프리랜서, 파견직, 일당직, 시간직, 아르바이트 등 매우 다양하다. 또한 이러한 직업의 형태는 경제적인 상황에 따라 매우 유동적이다. 고성장이 지속되고 구직자보다 구인자가 더 많은 상황에서는 정규직 일자리가 압도적으로 많다. 하지만 그 반대의 상황에서는 다르게 나타난다. 노동 시장의 경향 분석과 함께 직업 형태의 트렌드를 지속적으로 분석하는 것 또한 매우 중요하다. 아울러 자신이 취업해야 하는 시기의 상황에 따라 정규직 이외

[표 3-1] 노동 시장을 결정 짓는 요소들

구 분	세 부 내 용
인구 통계학적 수치	• 총 인구수의 증가 및 감소 • 출생률 및 성비의 변화 • 사망률 및 노년층 인구수 • 지체 장애인 비율의 증감 • 학력별 인구 비율 등
국내 경제 및 정치 상황	• 각종 경제 지표(GDP, 주가 지수, 환율, 유가, 경상 수지 등) • 중 · 장기 경제 전망 • 각종 정치 상황 • 남북 대치 및 협력 상황 • 중 · 장기 정치 전망 등
국제 경제 및 정치 상황	• 주요국 각종 경제 지표 • 주요국 중 · 장기 경제 전망 • WTO, OECD, NAFTA, ASEAN 등 주요 경제 연합 정책 • 주요국 정치 상황 • 중동 지역 정치 및 대치 상황 등
기술 및 과학 분야의 발전	• IT 분야 기술 동향 및 발전 전망 • 인터넷 분야 기술 동향 및 발전 전망 • 바이오 분야 기술 동향 및 발전 전망 • 신기술 개발 및 향후 과학 발전 전망 등
지역 경제 상황	• 각종 지역 경제 지표 • 중 · 장기 지역 경제 전망 등

에 다른 형태의 직업을 광범위하게 찾아보고 적극적으로 수용하는 유연한 자세 또한 필요하다고 할 수 있다.

기업 가치의 변화

우리에게 가장 익숙한 기업의 형태는 법인(法人)이다. 법인의 '인(人)' 자는 사람 인(人)이다. 곧 기업도 개인과 마찬가지로 하나의 인격체이고 탄생과 변화, 소멸의 존재인 것이다. 기업은 항상 변화한다. 사회 지배가치의 변화, 환경의 변화, 과학 기술의 발달, 인간 사고의 변화 등 매우 다양한 요소들에 의해 지속적이고 역동적으로 변화한다. 공장 굴뚝으로 대표되는 제조업 중심의 '굴뚝 산업 체제'에서 컴퓨터, 인터넷으로 대변되는 '정보 산업 체제'로의 변화는 가장 최근에 발생한 대표적인 혁명적 변화이다. 특히 한국 사회는 1997년 겨울에 일어났던 소위 'IMF 위기'로 인해 기업과 기업 구성원들 모두 혁명과 같은 변화를 겪게 되었다. [표 3-1, 기업 가치의 변화]는 제조업 중심의 20세기 기업의 가치 및 문화가 정보화 사회에 들어선 21세기에 어떤 변화를 보이고 있는지 정리해 놓은 것이다.

[표 3-1] 기업 가치의 변화

전통적 기업 가치	새로운 기업 가치
애사심과 종신 고용 • 평생 근무할 수 있는 안정적인 직장 선호 • 한 직장에서 평생 근무하는 형태 • 기업에 대한 무조건적인 애사심과 그에 따른 종신 고용 보장 • 기업의 이익을 위한 개인 희생 감수	**개인과 기업은 상호 이해 일치의 관계** • 개인의 이상을 발전시키기 위해 기업에 공헌 • 기업은 실적 우수자 및 공헌도 높은 종업원을 최대한 배려 • 애사심은 개인의 이상 추구와 기업의 이익이 일치할 때 발생 • 개인보다는 팀 공헌도 및 팀 애사심이 중요
성장 • 개인의 성장은 곧 승진으로 이어짐 : 일률적 승진 체계를 밟아 올라가는 것이 곧 성공이라는 인식	**성장** • 개인의 성장은 자기 개발을 통해 업무 능력과 지식을 넓히고 확대해 나가는 과정 • 개인적인 발전이 곧 성공
종업원 개발 교육(Employee Development) • 기업 교육은 대부분 업무 교육 중심 • 승진, 승격 교육 중심 • 개인은 내부에서 도태되지 않기 위해 회사에서 중요하게 생각하는 업무 능력 함양에 주력 • 기업은 능력 있는 종업원 양성에만 관심을 가짐	**개인 개발 교육(Personal Development)** • 기업 교육은 개인의 능력 향상을 위한 교육으로 변화 • 종업원의 성공적인 경력개발을 위해 지속적 교육 및 학습 기회 제공 • 기업은 종업원 교육이 아닌 개인의 경력개발을 위한 교육을 책임을 짐
고용 보장 • 고용 안정성이 높은 회사가 좋은 회사 • 개인적 삶의 안정성은 한 회사에서 얼마나 오래 있을 수 있는지와 직결 • 한 회사에서 오래 있는 것을 선호	**이직을 통한 개인 발전** • 개인의 발전과 직결되는 회사가 좋은 회사 • 개인적 삶의 안정성은 자기 개발을 통해 노동 시장에서의 시장 가치를 얼마나 높이느냐와 직결 • 개인 발전을 위한 이직
조직 모델 • 조직 모델은 전통적인 가족 모델과 비슷 • 상사는 부모와 같은 존재이며 항상 나를 신경 써주고 보호해 줌	**조직 모델** • 조직 모델은 21세기 가족 모델과 비슷 • 파트너십, 네트워크 등이 중요하며 일방적인 서비스의 제공이 아닌, 상호간의 주고 받음.
조직 구조 • 여러 직급들의 계층적 계급 구조 • 상명하달식 조직 구조	**조직 구조** • 매트릭스식, 업무 중심형 조직 구조 • 효율적 업무 및 성과를 위한 아메바식 구조

정보 검색 및 수집

직업의 종류는 수만 가지에 이른다. 한 회사에서조차도 담당하는 업무에 따라 전문 분야가 매우 다양하게 나뉘어진다. 어떤 직업들은 새롭게 떠오르는가 하면, 어떤 직업들은 서서히 소멸해 간다. 이런 환경에서 자신의 직업을 선택하고 그 선택을 토대로 평생의 계획을 세운다는 것은 그리 쉬운 일이 아니다. 이것은 엄청난 모험이며, 그렇기 때문에 세밀하고 정확한 분석과 준비를 통해 경력개발 계획을 세워야 하는 것이다.

우리는 2장에서 '자기 평가 하기' 과정을 통해 자신의 성격과 성향, 관심 분야, 자신이 가치 있게 생각하는 것, 보유 기술, 전문 지식, 자신의 강점, 부족한 점 등에 대해서 자세하게 평가하고 분석해 보았다. 이 단원에서는 해당 직업 혹은 직무의 역할 및 책임, 근무 환경(근무 시간, 요구되어지는 신체 조건, 스트레스에 어느 정도나 노출되는지의 정도 등), 급여 수준, 복리 후생 정도, 성장 가능성, 관련 직업군, 향후 전망 등에 대한 정보를 수집하고 분석해 볼 것이다.

[표3-3, 직업 관련 정보 분석 차트]는 이러한 정보를 체계적으로 수집하고 기록하여 분석하기 위한 표이다. 이 작업에 앞서 2장에서 평가하고 분석해 본 데이터를 바탕으로 이상적인 직업을 한두 가지 설정하라. 그리고 그 직업별로 별도의 표를 작성해보자. 이 작업은 의사 결정을 해야 하는 단계에서 매우 유용한 정보를 제공할 것이다.

관련 분야 종사자 면담

지금까지 당신은 주로 각종 매체를 통해 정보를 수집해 왔다. 하지만 이러한 정보 수집만으로 의사 결정을 내리기에는 좀 이른 감이 있다. 보다 자세하고 실질적인 정보를 얻기 위해서는 목표로 하는 해당 직업 및 직무에 현재 종사하고 있거나, 과거에 종사한 적이 있는 사람들과의 직접 면담을 통해 자세하고 생생한 정보

[표3-3] 직업 관련 정보 분석 차트

구 분	세부 내용
관심 직업/직무	
요구되는 성향	
요구되는 가치관	
필요한 핵심 역량	
필요한 전문 지식	
학력 요건	

(뒷면에 계속)

업무의 역할 및 책임	
근무 환경	
급여 및 복리 후생	
경력개발 단계 및 승진 체계	
미래 전망	
관련 분야 직업/직무	

를 수집할 필요가 있다. 이러한 과정을 통해

첫째, 경력 전반에 대한 탐색이 가능하며 경력 목표를 보다 분명히 할 수 있다.

둘째, 사회적 네트워크를 확장시킬 수 있다.

셋째, 성공적인 면접을 위한 중요한 자료를 수집할 수 있다.

넷째, 생생한 현장의 정보를 접할 수 있다.

다섯째, 해당 직업 및 직무에 있어 자신의 강점과 약점을 파악할 수 있다.

여섯째, 조직 내부가 어떻게 돌아가는지를 알 수 있다.

경력자 면담을 위해서는 특별히 사전 준비를 충실히 할 필요가 있다. 오래 알고 지내던 지인이거나 학교 선배라면 어렵지 않겠지만, 전혀 모르는 사람을 상대로 면담을 할 경우에는 충실하게 준비를 해 가는 것이 애써 자신의 시간을 할애하는 사람에 대한 예의일 것이다. 특히 유의할 사항은 자신과 면담을 하는 사람이 언젠가 자신의 고용인이 될 수도 있다는 점이다. 성실하고 예의 바른 면담으로 좋은 인상을 남기는 것이 중요하다.

면담 준비 과정

1. 면담 후보자 정보 수집

- 지인을 통하거나 스스로 몇 개 회사를 선정하여 해당 부서의 정보를 수집
- 성명, 담당업무, 직급, 전화 번호 등 전화 접촉을 위한 기본 정보 수집

2. 전화 접촉하기

- 자기 소개(성명, 소속)
- 신상 정보 입수 경로 설명
- 면담 취지 및 예상 소요 시간 소개
- 면담 가능 여부 질문(불가능할 경우 가능한 사람 소개 부탁)

■ 면담 일정 잡기(날짜, 시간, 장소 등)

3. 확인(Confirm) 전화하기

■ 면담 하루 전 면담 일정에 대한 확인전화 하기

위의 과정을 거쳐 면담 일정을 잡게 되었다면 이제 남은 것은 어렵게 성사시킨 면담을 성공적으로 마쳐 자신의 경력개발과 사회 네트워크 확장에 큰 힘을 발휘할 수 있는 지렛대로 삼아야 한다는 것이다. 처음 만나는 사람들과 면담을 진행한다는 것은 약간 부자연스럽고 부담스러운 것이 사실이다. 하지만 과감히 시도해 보라. 의외로 자신에게 호의적인 도움을 주는 사람들이 많다는 사실을 발견할 것이다. 다음은 면담 시 활용할 수 있는 질문들이다. 이 중 자신에게 적합하고 중요하다고 생각되는 것들을 사전에 정리하여 면담에 임하기 바란다. 가능하다면 면담하는 사람을 최대한 배려하여 사전에 질문 리스트를 출력하여 면담 전 상대방에게 전달하는 방법도 좋을 것이다.

면담 질문 리스트

■ 주요 업무는 무엇인가?

■ 어떻게 이 일을 시작하게 되었는가?

■ 이 직무를 수행하기 위해 반드시 거쳐야 할 직무가 있는가?

■ 급여 수준은 어느 정도인가?

■ 이 직무를 성공적으로 수행하기 위해서 요구되는 인성적인 부분(personality)과 능력적인 부분(abilities)은 어떤 것이 있는가?

■ 이 직무를 바탕으로 경력개발을 할 수 있는 다른 분야는 어떤 것이 있는가?

■ 이 직무가 회사에서 어느 정도의 중요도를 갖고 있는가? (회사에서의 공헌도, 중요도 등)

- 이 직무를 수행하기 위해 요구되는 교육, 자격증, 전공 분야 등은 어떤 것인가?
- 이 직무를 수행하기 위해 사전에 준비해야 할 기본적인 사항이나 업무 지식은 무엇인가?
- 향후 이 분야가 사양분야가 될 가능성은 어느 정도인가?
- 최근 기술의 발달, 시장의 변화, 경쟁 상황 등에 따라 직무가 변화된 것이 있는가?
- 이 일의 향후 발전 가능성에 대해 어떻게 생각하는가?
- 이 분야에서의 경력 관리 경로(Career Path)는 어떻게 되는가?
- 이 직무를 수행하면서 가장 보람있었던 때와 가장 실망했던 때는 언제였는가?
- 업무를 수행할 때 어느 정도의 자율권과 결정권을 가지는가?
- 이 직무를 통해 궁극적으로 어느 정도의 위치까지 경력개발을 할 수 있는가?
- 이 직무를 하면서 가장 만족스러운 부분은 어떤 것이며, 가장 힘든 부분은 어떤 것인가?
- 이 분야로 진출하기를 원하는 사람들에게 특별히 해 줄 충고가 있는가?
- 이 직무 및 직업에 대해 좀더 많은 것을 배울 수 있는 전문지나 협회, 세미나 등은 어떤 것이 있는가?
- 좀더 자세한 것을 물어볼 수 있는 사람이 있으면 추천을 부탁하며, 그 사람과 접촉할 때 당신이 추천해 주었다는 사실을 얘기해도 되는가?
- 나의 교육, 전공 분야, 업무 능력, 전문 지식 등을 바탕으로 혹시 다른 추천할 만한 직무 분야가 있으면 말해 달라.

[표 3-4] 면담 차트

1. 면담자 정보
성명 :
직무 및 직급 :
소속 부서 :
소속 회사 :
주소 :
전화 번호 및 E-mail :
2. 면담 일정
면담일자 및 시간 :
면담 장소 :
기타 정보 :
3. 질문 내용
4. 경력자 면담을 통해 배운 정보 요약
5. 면담에 응해준 분에게 감사 전화 및 메일을 보냈는가? 예( ) 아니오( )

면담시 주의 사항

- 면담을 요청한 사람은 바로 당신!
- 질문을 명확하고도 간결하게 축약하여 장시간이 소요되는 일이 없도록 하라.
- 면담이 끝난 후에도 지속적인 관계를 맺을 수 있도록 최대한 노력하라.
- 면담 시작 전 반드시 짧게라도 자신을 소개하는 시간을 가져라.
- 면담 시에는 반드시 PDA나 다이어리 등을 펴고 충실히 메모하는 모습을 보여 주어라.
- 면담 후에는 반드시 감사의 편지를 보내도록 하라.(면담 후 하루 안에 보내라.)

취업 전 경력 쌓기

백 번 듣는 것보다 한 번 보는 것이 낫다. 마찬가지로 천 가지의 정보를 수집하고 분석하는 것보다 한 번 부딪히면서 일해 보는 것이 훨씬 효과적이다. 지금까지 우리는 여러 가지 방법들을 동원해 자신을 파악하고, 직업 및 직무에 대한 정보를 수집하였다. 하지만 결국 한 조직에 소속되어 실제로 업무를 수행해 보는 것만큼 유익한 것은 없을 것이다. 물론 경력 사원들은 자신이 옮기려고 하는 회사나 직무를 사전에 경험해 보는 것이 힘들겠지만, 취업을 준비하는 학생들에게는 이런 기회들이 많이 열려 있다.

이러한 취업 전 경력 쌓기를 통해 정식 취업 전 관련 분야 실무를 경험할 수 있으며 그 분야의 인적 네트워크를 구축할 수도 있다 또 해당 업무를 수행함에 있어 자신의 전문 지식이나 업무 능력들의 강점과 약점을 정확하게 판단해 볼 수도 있다. 특히 이력서에 이렇다 할 경력 사항을 기재할 것이 없는 학생들에게는 학력 이외의 훌륭한 경력 사항을 만들 수 있는 기회가 되기도 한다. 무엇보다 근무한 곳에서 자신의 실력과 능력을 인정 받아 정식 사원으로 채용될 수 있는 기회를 얻을 수도 있다.

취업 전 경력을 쌓을 수 있는 방법으로는 다음과 같은 것들이 있다.

산·학 협동 프로젝트

산·학 협동 프로젝트는 주로 이공계 대학원 학생들에게 많이 열려있는 실무 경험 쌓기의 하나이다. 회사측은 인력 부담을 덜고, 학교측은 학생들에게 실무 경험을 제공할 수 있다는 장점이 있다. 신입사원들은 학교에서 배운 이론만으로 회사에서 접하게 되는 실용적인 업무에 바로 적응하기가 어렵다. 그러므로 가급적 졸업 전에 산·학 협동 프로젝트에 적극 참여하여 실용적인 연구 부분에 대한 경험을 쌓는 것이 좋다.

인턴십(internship)

인턴십은 취업 전 학생들에게 매우 광범위하게 열려 있는 실무 경험 쌓기의 한 방법이다. 인턴십은 자신이 관심 있는 업무를 수행하여 회사생활을 직접 접해 볼 수 있다는 점에서 매우 유용한 수단이라 할 수 있다. 국내 대기업뿐만 아니라 외국계 다국적 기업들도 요즘은 인턴십 기회를 많이 개방하고 있는 추세이다. 인턴십을 실시하고 있는 회사들은 이를 통해 우수한 학생을 조기에 발굴하고자 하는 취지도 있으므로, 자신의 노력 여하에 따라 실제 취업과 직결될 수도 있다.

자원 봉사

자원 봉사는 산·학 협동 프로젝트나 인턴십에 비해 실질적인 경험을 쌓을 수 있는 기회는 다소 적으나, 새로운 경험을 해 볼 수 있다는 면에서 매우 유용하다고 할 수 있다. 자원 봉사를 할 수 있는 분야는 매우 다양하다. 우리는 자칫 자원 봉사를 사회 봉사 활동으로만 국한해서 생각하는 경향이 있으나 사회 봉사 활동은 자원 봉사의 한 부분일 뿐이다. 가급적 자신의 경력개발과 관련된 업무 분야에서 자원 봉사 활동을 하도록 하자.

파트 타임 / 아르바이트

파트 타임이나 아르바이트는 우리가 흔히 접할 수 있는 취업 전 경력 쌓기 활동이다. 패스트푸드점에서부터 단순 데이터 입력에 이르기까지 그 종류도 매우 광범위하다. 파트 타임이나 아르바이트를 통해 자신이 계획하고 있는 업무와 비슷한 근무 환경을 간접적으로 접해 볼 수 있다. 예를 들어, 영업직을 원한다면 영업 업무 보조 아르바이트 자리를 찾아 실제로 이루어지는 업무를 생생히 관찰해 볼 수 있으며 이를 통해 자신의 적성 및 취향이 영업직과 맞는지 여부를 판단해 볼 수 있을 것이다.

취업 전 경력 쌓기의 예

필자가 마이크로소프트사 한국 지사의 인사 담당자로 재직하던 시절의 일이다. 그 당시만 해도 마이크로소프트사는 대졸 신입사원을 채용하지 않았다. 하지만 젊은 인재를 확보하고 대학생들에게 좋은 경험을 쌓게 해주려는 취지에서 최초로 대학생 인턴 사원 프로그램을 시행하게 되었다. 우리는 회사의 업무적인 특성 때문에 경영학과와 컴퓨터 관련 학과 재학생들을 중심으로 인턴을 모집하기로 하고 각 학교에 공문을 보냈다. 예상대로 많은 학생들이 지원했고, 그 중에 몇 명을 선발하여 면접을 실시하였다. 그런데 매우 의외의 학생이 한 명 있었다. 우리는 분명 경영 혹은 컴퓨터 관련 학과로만 공문을 보냈는데, 어문학 전공 학생의 이력서가 눈에 들어온 것이다. 그 학생은 자신의 어문학 전공을 바탕으로 외국계 회사의 마케팅 분야에서 일을 하고 싶어 경영학을 부전공하였고 마케팅 공부를 위해 2년간 학내 마케팅 스터디 그룹에서 활동을 했다고 했다. 기회가 된다면 마이크로소프트사에서 자신의 경력을 좀더 향상시키고 싶다는 내용이었다. 나는 그녀의 이력서에 매우 호감이 갔다. 마이크로소프트사 재직 전에 삼성전자에서 대졸 신입사원들을 많이 채용했지만, 아직 우리나라 대학생 중에서 그녀처럼 확고하고 철저한 경력개발 계획과 목표를 가지고 있는 경우를 보지 못했기 때문이다. 그래서 결국 그 학생을 면접 대상자에 포함하기로 결정했다.

면접 결과 역시 나의 추측은 정확하게 맞았다. 6명의 면접 위원 전원이 매우 높은 점수를 주었던 것이다. 그녀는 결국 마이크로소프트사 마케팅 부서에서 6개월의 인턴 생활을 시작하게 되었다. 그녀의 인턴 생활은 우리의 평가를 더욱 확고하게 했다. 그녀는 대학생이라고 하기에 믿기지 않을 정도의 원숙함과 전문적인 지식을 보유하고 있었으며, 하나라도 더 배우겠다는 자세로 정말 열심히 인턴 생활을 하였다. 누가 보기에도 마케팅 부서의 정규 사원과 비교하여 손색이 없는 자질을 보유하고 있었다. 6개월이라는 시간은 짧다면 짧고, 길다면 긴 시간이다. 하지만 한 사람의 자질을 검증해 보기에는 충분한 시간이다.

그녀의 인턴 생활이 거의 끝나가던 무렵 마케팅팀장과 나는 두 시간 동안 회의를 했다. 마케팅팀장은 그녀의 자질이 인턴에 그치기에는 너무 아깝다고 말했다. 그녀의 업무적인 능력도 능력이지만, 의욕적인 자세가 아주 마음에 든다는 것이었다. 하지만 우리는 처음 인턴 프로그램을 만들 때 6개월간의 인턴기간을 조건으로 프로그램을 시행하였다. 앞서 얘기한 것과 같이, 신입사원 채용을 한 번도 해 보지 않았던 회사로서 대졸 신입사원을 채용한다는 것은 쉽지 않은 일이었다. 하지만 나의 생각도 마케팅팀장의 생각과 마찬가지였다. 그녀가 너무나 탐이 났던 것이었다. 우리는 결국 그녀를 마이크로소프트의 정식 직원으로 채용하는 방향으로 의견을 좁힌 다음 지사장과 미국 본사측의 결재를 어렵게 얻어냈다. 그녀는 아직도 마이크로소프트사의 마케팅팀에서 열심히 자신의 맡은 바 임무를 수행하고 있다. 입사한 지 3년이 되었는데 이미 대리로 진급하였으며, 본사에서도 두터운 신임을 받고 있다고 들었다. 그녀는 결국 자신의 경력 개발 계획에 따라 완벽하게 성공적인 경력개발을 한 케이스라고 할 수 있다.

이렇듯 취업 전 경력 쌓기는 상상 이상으로 매우 큰 힘을 발휘할 수 있다. 위의 경우처럼 자신이 어떤 모습을 보여주는가에 따라 전혀 예상치 못한 기회를 얻을 수도 있는 것이다. 아울러 위와 같은 결과를 얻지 못한다 하더라도 자신이 일하고자 하는 산업 분야에서 짧은 기간 동안이라도 생생한 경험을 해 보는 것은 매우 소중한 시간이다. 이렇게 해서 얻어진 경험과 지식은 향후 구직 활동을 하는 데 매우 유용한 재산이 된다. 또한 취업 전 경력 쌓기를 통해 알게 되는 많은 사람들은 자신이 목표로 하는 산업 분야나 업무 분야에서 평생 네트워크가 될 수 있는 사람들이다. 이런 사람들에게 좋은 인상을 심어 준다면, 구직 활동뿐만 아니라 향후 자신의 경력 관리에도 많은 도움을 받을 수 있을 것이다.

4

의사 결정하기

그래! 결정했어.

예전의 모 방송국 오락 프로그램 중에 이와 동일한 대사가 있었다. 그 프로그램의 내용은 두 가지 상황에서 서로 상이한 결정을 내리고 각각의 결정이 어떤 결과를 초래하게 되는지를 보여 주는 것이었다. 우리는 참으로 많은 결정들을 하면서 살아가고 있다. 인생의 매 순간은 의사 결정의 연속이라고도 할 수 있을 것이다. 어떤 결정을 내리느냐에 따라 그 다음의 상황은 판이하게 달라진다. 의사 결정 과정은 매우 중요한 과정으로 CDP 전체를 통틀어서도 가장 중요한 단계라고 할 수 있다.

비전 수립

의사 결정 과정의 출발점은 명확한 비전의 수립이다. 지금까지 분석하고 수집한 정보를 바탕으로 자신이 어떠한 삶을 살아가기를 원하는지 잠시 생각해 보는 시간을 가져 보자.

비전(Vision)의 수립은 자신의 인생 전체에 대한 것과 자신의 경력개발에 대한 것이 동시에 수행되어져야 한다. 이 두 가지는 절대로 분리될 수 없는 관계이다. 지도상의 수많은 나라 중에서 당신은 지금까지 어디에서 살았으며, 앞으로는 어디에서 살아갈 것인가? 누구와 평생을 함께 보낼 것인가? 당신은 어떤 사람들과 관계를 맺고 살아가는가? 당신은 어떤 일을 하고 있으며 앞으로 어떤 일을 할 것인가? 여가 시간은 어떻게 보내고 있는가? 당신의 라이프스타일은 어떤 것인가? 등 광범위한 주제에 관한 구체적인 질문들을 스스로에게 던져 보도록 하라.

이러한 질문들에 답을 해 나가면서 당신 자신의 개인적인 비전을 만들어 볼 수 있을 것이다. 개인적인 비전이 수립되면 단기ㆍ중기ㆍ장기 목표를 수립할 수 있다. 비전은 포괄적인 동시에 반드시 현실적이고 구체적이어야 한다. 고양이를 그리려고 하면서 호랑이를 그리는 식의 계획 수립은 바람직하지 않다. 반면에 호랑이를 그리다 고양이를 그리게 되면 호랑이가 되려다 만 이도저도 아닌 고양이가 탄생할 수밖에 없다. 그리고 애초에 호랑이를 그리고자 했던 목표를 달성할 수 없게 되므로 성취감 또한 매우 떨어지게 될 것이다.

비전 설정을 위한 몇 가지 예를 들면 다음과 같다.

- 행복한 가정 만들기
- 건강한 삶 살기
- 봉사하는 삶 살기
- 돈 많이 벌기
- 창조적인 활동을 통해 인정 받기
- 행복한 노후 준비하기

비전이 수립되었다면 이제 당신의 목표(Objective)를 설정하라. 설정하여야 할 목표는 크게 다음과 같은 세 가지이다.

- 경력 목표(Career Objective)
- 개인적 목표(Personal Objective)
- 소속 집단 및 사회에 대한 목표(Community Objective)

[그림 4-1] 비전을 통한 실천 계획 수립 과정

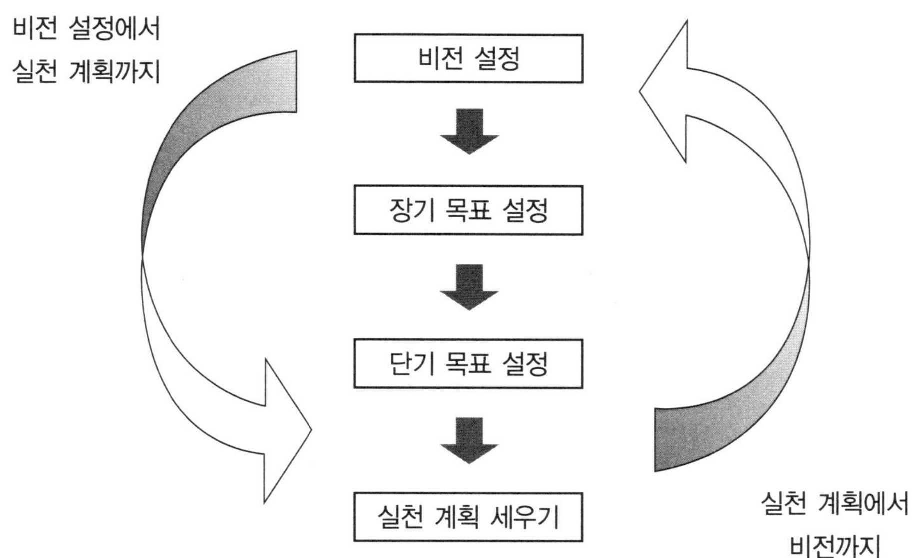

경력 목표 설정(Career Objective)

비전이 수립되었다면 이제 구체적인 목표를 설정해야 할 단계이다. 자신의 비전이 수립되었다면 비전을 기준으로 자신의 경력 목표, 개인 목표 등을 구체적으로 설정해 나가는 것이다. 비전 수립 단계와 마찬가지로 목표를 설정할 때도 단기·중기·장기 형태로 설정을 하기 바란다. 장기 목표는 결국 당신의 궁극적인 목표가 될 것이다.

다음은 경력 목표 설정에 있어 주의할 사항이다.

1. 최대한 구체적으로 목표를 설정하라

목표와 목적이 없는 사람은 없다. 하지만 그 목표와 목적이 얼마나 구체적이고 현실적인가에 따라 목표 달성의 성패 여부가 달렸다고 할 수 있다.

2. 직위(Position) 중심의 목표가 아닌 직무(Job) 중심의 목표를 설정하라

우리는 흔히들 "이 회사에서 사장까지 갈거야"라는 식의 목표 설정을 자주 접하게 된다. 그러나 이러한 목표 설정은 "대통령이 될거야"와 같은 어린 시절의 단순한 목표 설정과 전혀 다를 바 없다. "영업 및 마케팅의 전문 지식과 실무 경험을 두루 갖춘 경력자로서 최종 목표는 외국계 기업의 지사장"이라는 식의 보다 구체적인 목표를 설정해야 할 것이다.

3. 자신에게 적합한 경력 목표를 설정하라

자신의 성향, 가치관, 하고 싶은 분야 등을 통해 우리는 어떤 직업과 직무가 자신에게 잘 맞을 것인지에 관해 생각해 보았다. 하고 싶은 일을 하는 사람이 훨씬 더 재미있게 일을 대할 수 있으며, 일의 보람도 더 많이 느낄 수 있다. 하지만 자신이 하고 싶은 분야만 가지고 경력 목표를 설정할 수는 없다. 자신이 지금까지 쌓아온 경력 분야, 업무 능력, 전문 지식 등 현실적인 부분도 반드시 고려하여야 한다.

개인적인 목표 설정(Personal Objective)

우리의 인생은 신체, 정신, 사회적 관계, 직업 및 경력 분야, 취미 및 여가 생활 등 다양한 여러 요소들의 복합체이다. 어느 한 부분도 더 중요하거나 덜 중요한 것이 없으며, 이 모든 부분들이 잘 조화되고 효과적으로 발휘되었을 때 성공적인 인생을 살아갈 수 있다. 개인적인 목표 설정은 이러한 요소들을 총괄적으로 판단한 다음 수립하여야 한다.

개인적인 목표 설정이 직업에 있어서의 경력 목표 설정만큼 중요한 이유는 결국 우리의 삶은 경력과 개인 생활 두 부분의 복합체이기 때문이다. 우리는 흔히 자신의 경력개발과 사회에서의 출세를 위해 자신의 모든 부분을 투자하여 목표를 달성하는 사람들을 보게 된다. 하지만 가족들과의 관계 등 경력개발 이외의 부분을 완전히 포기한 대가로 얻은 사회적 성공이 무슨 의미가 있을까? 우리가 참으로 성공적인 삶을 살았다고 할 수 있는 경우는 경력적인 목표의 달성과 함께 개인적인 목표의 달성까지 이루었을 때이다.

이러한 만큼 경력 목표의 설정은 개인적인 목표 설정과 분리되거나 상이한 각도에서 수립될 수 없다. 오히려 개인적인 목표는 경력 목표를 포괄하는 포괄적 개념이라고 생각해도 좋을 것이다. 개인적인 목표 설정은 앞서 언급한 각 부분 중에서 자신의 비전을 달성하기 위해 우선시 되어야 한다고 생각되는 것을 중심으로 작성하면 된다. 예를 들어, 건강한 신체를 유지하는 것이 비전 수립을 위해 필요한 개인적인 목표라면 건강한 신체를 유지하기 위한 운동 계획, 영양 섭취 계획 등 구체적인 목표를 설정하면 되는 것이다. 각자 자신의 비전을 바탕으로 개인적인 목표를 설정해 보도록 하자.

소속 집단 및 사회에 대한 목표(Community Objective)

인간은 혼자서는 살아갈 수 없다. 우리는 크든 작든 어느 집단에 소속된 공동체의 일원이다. 사회가 성장하고 성숙해질수록 사회 봉사에 대한 부분이 매우 중요한 요소로 자리 잡아가고 있다. 우리 사회도 예전에 비해 사회 봉사 활동이 매우 활발히 이루어지고 있으며, 삶의 참된 의미라고 생각하는 사람들도 점차 늘어가고 있다.

자신의 업무와 개인적인 삶을 통해 지역 사회, 국가, 크게는 전 세계를 위해 어떤 식으로 기여할 수 있을지 생각해 보기 바란다. 또한 이에 대한 목표를 수립하여 삶을 살아가는 중요한 목표 가운데 하나로 설정하기 바란다.

평생 학습 계획

세상은 항상 변해왔으며 앞으로도 계속 변할 것이다. 특히 현대 사회는 그 변화의 속도가 과거의 수십, 수백 배에 달한다. 그 변화의 속도가 너무나 엄청나서 그냥 바라만 보고 있으면 언제 바보가 될지 모르는 세상이다. 불과 10여 년 전만 해도 PC와 인터넷이 매우 희귀하고 드문 존재였다. 가끔 오래된 영화를 보면 벽돌 크기의 휴대폰이 등장하는 것을 볼 수 있다. 아주 오래되었다는 생각이 들지만 알고 보면 그 영화는 불과 10여 년 전에 만들어진 것이다. 1930년대 이후에 이루어진 과학 기술의 발전은 수천 년 동안 인류가 이루어 놓은 것의 몇 곱절에 다른다.

이러한 환경에서 생존하고, 생존을 넘어 성공하기 위해서는 평생 동안 지속적

[표 4-2] 목표 설정 차트

나의 비전 :
경력 목표 1. 장기 목표(5년 이후)   2. 중기 목표(2-5년 사이)   3. 단기 목표(현재)
개인적인 목표 :
소속집단 및 사회적인 목표 :
개발 및 학습 해야 할 부분 :

인 학습과 자기 개발이 필수적이다. 따라서 경력개발 계획 중 평생 학습 계획을 절대 간과해서는 안 된다. 새로운 기술의 파악과 습득, 새로운 트렌드에 대한 발 빠른 적응, 자기 발전을 위한 지속적인 학습 등은 이 시대를 살아가는 이라면 누구에게나 요구된다. 평생 학습은 일반적으로 다음과 같은 방법으로 이루어진다.

- 직장에서의 사내교육 및 위탁 교육
- 시청각, 인터넷, 통신 자료 등을 이용한 자율 학습
- 근무 외 시간을 이용한 학원 및 교육 기관에서의 수강

우리는 앞서 자신이 선호하는 학습 스타일에 대해 분석해 보았다. 이제 선호하는 그 분석 데이터를 바탕으로 교육 방법을 선택해 보자. 교육 방법을 선택하기 위해 한 가지 더 고려해야 할 것은 자신의 여건과 시간, 경제적인 상황에 맞는 교육 방법을 선택하는 것이다. 학습을 위해서는 자신의 귀중한 시간과 돈을 투자해야함을 명심하라. 투자란 그것을 통해 두 배, 세 배의 효과를 얻을 수 있다고 확신이 들 때 하는 것이다. 이 점을 명심하여 교육 방법과 학습 내용을 신중하게 선택하기 바란다.

다음의 사항을 주의하여 올바른 학습 계획을 세워 보자.

- 경력 목표 및 커리어 골(career goal)에 충실하라.
- 자신이 현재 보유한 업무 능력 및 전문 지식을 정확하고 객관적으로 분석 · 평가하라.
- 경력 목표를 달성하기 위해 자신에게 부족한 부분과 학습하여야 할 부분이 어떤 것인지를 정확하게 판단하라.
- 학습 계획은 구체적이고 정확하게 작성하고 매년 달성 여부에 대해 평가하라.
- 학습 계획 작성 시 구체적인 학습 방법(사내 교육, 통신 교육, 학원 이용, 대학원 진학 등)을 반드시 기재하라.

　[표 4-3, 학습계획표]는 자신의 경력 목표와 현재 여건을 고려하여 학습 계획을
세울 수 있도록 도와준다.

[표 4-3] 학습 계획표

경력 목표 :				
업무 능력 및 전문 지식 :				
부족한 부분 및 학습 목표 :				

장기 학습 계획					
학습 목표	1년	2년	3년	4년	5년

특수 목적을 위한 교육 준비

많은 직장인들이 여러 가지 목적으로 MBA, 대학원 진학, 어학 연수 등을 계획하고 준비한다. 자신의 업무 능력과 전문 지식을 좀더 함양하고, 이를 통해 한 단계 높은 업무 및 지위로의 상승을 계획하기 때문일 것이다. 그러나 실상 많은 사람들이 구체적이지 않고 실질적이지 못한 방법으로 이러한 결정을 내리는 바람에 노력한 만큼 성과를 보지 못하고 있다. 그렇다면 한 단계 높은 교육 기관이나 어학 연수 등 특수 목적 교육을 준비할 때 어떠한 부분을 유의하여 준비하여야 할까?

우선, 목적 의식을 명확히 하라

그저 자신이 좋아하는 공부를 계속 하고 싶어서 대학원에 진학하거나 유학을 준비하는 식의 접근 방법은 매우 위험하다. 물론 이상론적 차원에서는 전혀 문제가 될 것이 없다. 하지만 현실적인 부분을 고려할 필요가 있다. 내가 과연 무엇 때문에 공부해야 하는가? 그리고 내가 지금 대학원에 진학하고, 애써 외국 MBA 스쿨을 가는 것이 나의 경력 목표 달성을 위해 반드시 필요한가? 라는 질문을 자신에게 먼저 던져보기 바란다.

둘째, 포기해야 하는 것들(시간, 돈, 현재 재직 중인 회사 등)을 현실적으로 따져 보라

대학원에 진학하거나, 외국에 나가 MBA를 하거나, 연수를 하기 위해서는 적지 않은 돈이 든다. 돈은 그렇다 치고 짧게는 6개월, 길게는 2~3년의 시간이 투자되어야 한다. 아울러 회사에 재직 중인 사람의 경우, 현재 자신의 직장 및 지금까지의 경력을 버려야 한다. 반드시 이 부분에 대한 손익을 꼼꼼히 셈해 볼 필요가 있다.

셋째, 졸업 및 과정 수료 후의 계획을 반드시 구체적으로 세우라

무작정 하고 싶어서 떠났지만 정작 돌아와서는 새로운 직장을 찾기 어려워지고 떠날 때보다 더 나은 것이 없는 직장에 들어가야 하는 경우를 종종 보게 된다. 그렇다면 과연 무엇 때문에 어려운 결정을 내리고 2~3년이라는 시간을 보내야 하나? 과정 수료 후의 계획 또한 체계적이고 꼼꼼하게 작성해야 할 것이다.

특수 목적을 위한 교육의 성공 및 실패 사례

실패 사례

국내 모 대기업의 수출팀에 근무하던 J씨는 입사 2년 만에 심각한 고민에 빠졌다. 국내 최고의 대학을 졸업했으나 동양사학을 전공하였던 그는 현재의 업무나 향후 계획하는 경력 면에서 자신의 전공이 전혀 도움이 되지 않는다고 생각한 것이다. 이러한 약점을 보완하기 위하여 J씨는 해외 MBA를 취득하기로 결심했다. 그는 결국 1년 정도 준비해서 미국에서 30위 권 내의 MBA 스쿨에 입학하게 되었다.

그러나 2년 반의 유학 생활을 마칠 무렵, J씨는 매우 곤란한 상황을 겪게 되었다. J씨는 이제 한 학기를 남겨두고 한국에서 새로운 직장을 알아보기 위해 자신이 평소에 관심을 가지고 있었던 회사 몇 군데에 이력서를 제출하였다. 그런데 많은 관심을 가질 것이라 생각했던 회사들에서 아무런 연락도 오지 않는 것이 아닌가? 그는 MBA를 떠나기 전 한 번도 학위를 취득한 이후 한국에서의 취업문제에 대해 걱정해 본 적이 없었다. 당연히 자신이 다니던 회사나 자신이 수행했던 업무보다 더 나은 회사에서 더 나은 업무를 할 수 있을 것이라 믿었던 것이다. 결국 그는 어렵게 국내 모 벤처 기업의 회계 담당자로 입사하게 되었지만 회사에 애착을 느끼지 못하고 업무에도 흥미를 가지지 못해, 그는 몇 개월 후 그 회사를 나와 다시 새로운 일자리를 찾고 있다.

이러한 경우는 매우 극단적인 예라고 생각하겠지만, 의외로 아주 많은 사람들이 이와 비슷한 상황을 겪고 있다. 특히 최근처럼 MBA학위자가 기업의 수요보다 많은 상황에서는 더욱 더 그러하다. J씨의 출발은 좋았다. 자신의 전공이 자신의 수행 업무와 맞지 않으므로 업무에 좀더 적합한 교육을 받기 위해 MBA라는 길을 선택한 것은 나무랄 데 없는 선택이었다고 할 수 있다. 하지만 그는 좀 더 신중하게 준비를 했어야 했다.

J씨가 미국에서 입학한 학교는 한국처럼 MBA학위자들이 많은 곳에서 인정을 받을 수 있을 만한 학교가 아니었다. 아울러 MBA 취득 전 경력 기간도 경력으로 간주하기에는 너무 짧았다. 또한 그는 회사를 그만두고 MBA 준비를 하면서 학위 이후의 자신의 경력 부분 즉, 구체적으로 어떤 회사, 어떤 업무, 어떤 구직 활동을 할 것인지에 대한 구체적인 계획이 전혀 없었던 것이다. 이러한 무계획이 결국 MBA까지 다녀오면서 자신의 경력을 좀더 발전시키고자 했던 J씨를 절망에 빠뜨린 것이다.

J씨가 만약 유학을 떠나기 전 필자에게 이러한 부분에 대한 컨설팅을 의뢰했다면 필자는 아마 다른 방법을 제시했을 것이다. 그가 유학 전 다니던 회사는 국내 뿐만 아니라 이미 세계적으로도 매우 유망한 회사로 성장한 회사이다. 사원들의 복리 후생이나 교육에 대해서도 어떤 회사보다 많은 관심을 가진 회사이다. 실제 그 회사에서는 J씨와 같은 고민을 하고 있는 우수 사원들에게 MBA 교육 지원 프로그램도 실시하고 있다. 그가 만약 필자에게 컨설팅을 요청했었다면 회사에서 지원하는 이런 프로그램을 이용해서 유학을 떠날 것을 권유했을 것이다. 만약 지원 프로그램의 대상이 되기 힘든 상황이라 하더라도, 사직보다는 휴직의 방법을 찾아보라고 권했을 것이다. 실제로 휴직 후 MBA를 마치고 돌아와 자신이 다니던 회사에 복직한 경우도 꽤 많다.

최소한 유학을 떠나기 전 그는 국내 MBA 학위자들의 숫자가 어느 정도 되고, 실제로 MBA 학위를 가지고 있는 사람들이 어떤 회사에서 어느 정도의 대우를 받고 있는지, 그리고 졸업한 학교 수준에 따라 어떻게 대우가 달라지는지에 대한 정보를 좀더 자세하게 수집하고 계획을 세웠어야 했다. 그가 10권에 안에 드는 학교에서 MBA를 마쳤다면 상황은 많이 달라질 수 있기 때문이다.

성공 사례

국내 모 대기업에 입사하여 자금회계 부서에서 근무하던 L씨의 경우는 이와 달리 MBA를 취득하여 매우 성공적으로 경력 개발을 한 예이다. 그는 입사 1년이 지나면서 자신이 하고 있는 업무가 평소 하고 싶었던 분야와 너무나 동떨어진 일이라는 것을 느끼기 시작했다. 대학에서 마케팅을 전공했던 그는 마케팅이나 컨설팅 분야의 일을 하고 싶었다. 자신이 선호하지 않은 업무를 계속하면서 평생 그 분야 전문가로 경력을 쌓아야 한다는 것이 끔찍하게 느껴졌다. 하지만 자신이 다니고 있는 회사는 누구나 선호하는 회사이고, 비록 자신이 좋아하는 업무는 아니지만 매우 안정적인 직장 생활을 영위할 수 있을 것이라는 생각에 현재 자리를 쉽게 버릴 수는 없었다.

　　그러나 결국 자신의 관심 분야와 경력 목표를 위해 용기를 내기로 했다. 자신이 하고 싶은 분야로의 전직을 위해서는 좀더 상위 학교에서의 교육이 필수적이라고 느꼈으며, 여러 가지 정보를 수집한 후 미국 MBA 스쿨 진학을 계획하게 되었다. 퇴사 이후 6개월 동안 엄청난 노력을 한 결과, 미국에서도 매우 유명한 MBA 스쿨에 입학하게 되었다. 2년 반 동안의 교육 기간 중에도 그는 한국의 경제 상황과 노동 시장의 동향에 항상 주의를 기울였으며, 기회가 닿는 대로 취업과 관련된 여러 활동들―정보 수집, 네트워킹 등―을 전개하였다. 졸업 후 그는 세계적인 컨설팅 회사의 한국 지사에 컨설턴트로 입사하게 되었으며, 지금 현재 매니지먼트 컨설턴트로서 매우 활발한 활동을 하고 있다.

　　L씨의 경우는 자신의 경력개발 계획 및 관리를 매우 성공적으로 한 예이다. 그는 자신의 올바른 경력개발을 위해 자신의 경력 목표를 수립하고 그에 맞게 경력을 개발해 나가야 한다는 것을 정확하게 알고 있었다. 아울러 구체적인 경력개발 방법에 있어서도 매우 훌륭한 접근을 하였다고 할 수 있다. 그가 만약 여러 가지 현실적인 이유 때문에 퇴사 및 유학 등을 계획하지 못했다면, 아마 지금도 만족하지 못하는 업무를 수행하며 직장 생활을 하고 있었을 것이다.

　　J씨와 L씨의 차이점은 과연 무엇일까? 어떤 차이가 이들의 현재를 이렇게 다르게 만들어 놓았을까? 사실 이 두 사람은 같은 대학을 졸업하고―전공은 달랐지만―같은 해에 같은 대기업에 공채로 입사한 동기이다. 처음 입사하여 부서 배치를 받을 때, L씨는 J씨를 매우 부러워 했다. 자신이 하는 업무보다 훨씬 활동적이고 재미있는 업무라고 생각했기 때문이다. J씨 또한 자신이 맡게 된 업무에 매우 만족하였으며 유학을 결정할 때까지도 자신의 업무에 대한 불만은 없었다. 사실 J씨의 경우처럼 자신의 업무에는 불만이 없으나, 향후 보다 나은 자리로의 이직을 원한다거나 기타 여러 가지 상황 때문에 좀더 나은 교육적 배경을 갖고 싶다는 사람의 경우에는 퇴직과 유학이라는 극단적인 결정은 적절하지 못했다.

　　하지만 L씨처럼 자신의 업무 자체가 불만족스럽고 완전히 새로운 직장과 새로운 업무를 계획하는 경우에는 퇴직과 유학이라는 결정이 적절했다고 할 수 있다. 이들은 똑같은 경력 개발을 생각하고 있었지만, 그 방법에 있어서 한 사람은 올바른 결정을 내렸고, 다른 한 사람은 적절하지 못한 결정을 내린 것이다. 아울러 J씨는 취업시장 상황 및 정보에 대해 너무 무관심했다. 모든 것이 자신이 생각하는 대로 이루어질 것이라고 믿었던 것이다. 하지만 L씨는 퇴사 이후 유학을 준비하는 과정에서부터 매우 적절한 방법을 동원하여 항상 많은 정보를 접하며 자신에게 유리한 상황을 만들어 갔던 것이다. 이처럼 경력개발을 위한 과정을 결정하고 실행하는 데는 많은 고민과 철저한 준비가 필요하다.

궁극적 목표 설정(Goal Setting)

궁극적 목표란 경력 목표와 개인 목표, 사회 목표를 종합한 목표이다. 궁극적 목표 설정은 계획 세우기의 최종 단계이자, 가장 중요한 부분이다. 우리는 지금까지 이 목표를 설정하기 위해 자신에 대해 평가를 하고, 관심 분야를 조사하고, 정보를 수집한 것이다. 궁극적 목표(Goal)는 우리가 지금부터 나아가야 할 방향이자, 최종 행선지이다. 다음 몇 가지 요소를 유념하여 각자의 궁극적 목표를 설정해 보자.

> ## SMART!
> ### (Specific, Measurable, Achievable, Realistic and Timely)

특정한 한 분야를 설정하라 (Specific)

'Specific' 이란 단어는 '구체적', '한정적', '한 곳으로 집중된' 이라는 의미를 내포하고 있다. 자신이 달성하고자 하는 것이 무엇이라는 것을 정확하게 알 때 당신의 궁극적 목표는 특정한 한 분야로 압축될 수 있다. 최대한 단순화된 목표가 가장 이상적이다. 상상할 수 있는 가장 구체적인 부분까지 궁극적 목표를 설정해 보라. 구체적으로 누가, 어디서, 무엇을, 언제 그리고 어떻게 하겠다는 것인지를 생각해 보라.

측정 가능한 목표를 설정하라 (Measurable)

'Measurable' 이라는 단어는 '잴 수 있는', '측정할 수 있는' 등을 의미한다. '보다', '잘', '최고의' 등의 단어로 당신의 목표를 설정하지 말기 바란다. 구체적인 숫자로 측정될 수 있는 단어를 사용하여 목표를 설정하라. 목표란 설정만 하고 마는 것이 아니다. 매년 혹은 매분기별로 목표 달성 과정이 어떻게 되어 가고 있는지를 스스로 평가하고, 수정하여야 한다. 반드시 측정 가능한 단어로 목표를 설정하라.

달성 가능한 목표를 설정하라 (Achievable)

지금부터 작성할 궁극적 목표 계획서는 이 세상에서 오로지 자신을 위한 것이며, 자신만이 유지하고 관리해 나갈 수 있는 것이다. 실현 불가능한 거창한 계획서를 만들지 말라. 스스로 판단하기에 노력에 의해 달성 가능한 목표를 설정하라.

현실적인 목표를 설정하라 (Realistic)

우리는 지금까지 스스로에 대해서 평가하고 분석해 보았다. 자신의 능력이 무엇인지, 목표는 무엇인지 이제는 잘 알고 있을 것이다. 자신이 가지고 있는 능력을 바탕으로 노력으로 개선이 가능한 선에서 목표를 설정하여야 한다. 목표를 설정하는 이유는 스스로 성공적인 삶을 살아가기 위해서다. 누구에게 보여주기 위한 것이 아니다.

데드라인을 정하라 (Timely)

모든 계획에는 반드시 구체적인 일정을 포함하라. 그리고 절대 그 데드라인을 넘기기 않도록 노력하라.

목표 달성 계획표 작성

지금부터 우리는 구체적인 계획표를 작성할 것이다. [표 4-4, 목표 달성 계획표]를 이용하여 구체적인 계획표를 작성해 보기 바란다. 인생 전체에 걸친 계획표를 작성하여도 좋고, 구체적인 목표를 위한 계획표를 작성하여도 좋다. 그리고 개인의 파일에 이 계획표를 철해 두기 바란다. 매달 이 계획표를 체크하며 현재 계획대로 인생을 살아가고 있는지도 점검하기 바란다.

[표 4-4] 목표 달성 계획표

궁극적 목표	
세부 실천 항목	기한
1.	
2.	
3.	
4.	
5.	
6.	
7.	
8.	
9.	
10.	
투자 사항 (비용, 시간, 자원 등) :	
목표 달성 기한 :	

취업준비 및 구직활동

구직 활동은 여유 있게

구직 활동을 하는 사람들은 크게 두 부류로 나눌 수 있다. 이제 막 학교를 졸업하고 사회에 처음 발을 내딛는 신입 사원들과, 이미 다른 직장에서의 경력이 있으나 여러 가지 이유로 새로운 직장을 찾으려 하는 경력 사원들이다. 본격적으로 취업 준비 및 구직 활동에 대한 내용을 다루기 앞서 중요한 몇 가지 사항을 먼저 짚고 넘어가야 할 것 같다.

첫째, 취업 및 구직 준비는 평소에 지속적으로 하며, 최소한 6개월 정도의 여유를 두고 하라

회사에 처음 취업하는 신입 사원들은 물론이고, 새로운 회사로 전직을 원하는 경력 사원의 경우에도 최소한 6개월 정도의 여유를 두고 취업 및 구직 활동을 하는 것이 좋다. 언제라도 내가 원하는 취업 자리를 찾을 수 있을 거라는 생각은 장밋빛 망상에 불과하다. 자신의 경력개발 목표에 따른 체계적인 구직 준비만이 성공적인 결과를 낳을 수 있다.

**둘째, 조직 내에서의 갈등이나 인간적인 관계 때문에 회사를 그만두는 어리석음을
범하지 말라**

현재 재직 중인 회사를 나와 다른 회사로 이직하는 중요한 이유는 자신의 경력
개발 목표를 달성하는 데 효과적이기 때문이어야 한다. 현재 재직 중인 조직에 적
응하지 못하고 자신과 함께 일하는 조직원들과의 인간적인 관계 형성에 문제가
있어서 회사를 그만두는 것은 절대 바람직하지 못한 이직 사유이다. 이러한 이유
로 이직을 하는 사람들은 다른 회사로 옮긴 이후에도 또다시 동일한 사유로 회사
를 그만두게 되며 결국 잦은 이직을 하게 되고 만다.

전통적인 한국적 직장 문화에 서구적인 문화가 유입되면서 한국의 직장인들이
잘못 생각하고 있는 대표적인 사례 중 하나가 올바른 경력개발을 하려면 기회가
될 때마다 회사를 옮겨 다녀야 한다는 것이다. 이는 지극히 위험한 사고 중 하나
로 실제 미국에서도 지나친 이직은 결코 좋은 평가를 받지 못한다. 한 회사에서의
적절한 근속 연수를 따진다는 것은 무리가 있으나 최소한 한 회사에서 3년 이상
은 근무하는 것이 좋다. 지나친 이직은 결국 자기 스스로가 조직 적응에 문제가
있다는 것을 드러내는 것과 다름이 없다는 사실을 명심하라.

취업 준비 과정

구직 전략 수립

일일 / 주간 구직 활동 평가서 제작

구직 일정표 작성하기

채용 정보 수집 시작

채용 관련 조직(헤드헌팅사, 채용정보사이트, 정보 조직 등) 정하기

대상(Target) 산업군 정하기

대상(Target) 회사 정하기

직접 연락(Contact)하기

Follow up 하기

외부 행사 적극적 참석

일반 근무시간에 맞춰 구직활동 하기

기록하고 평가하기

채용 관련 회사 및 정부 조직

채용에 대한 각종 정보를 제공하고, 직접적인 구인/구직 서비스 및 경력개발에 대한 컨설팅 서비스를 제공하는 회사 및 정부 산하 조직들이 많이 생겨나고 있다. 이러한 업체들은 목표 대상자나 제공하는 서비스가 서로 조금씩 다르다. 따라서 이러한 회사들의 성격을 정확히 알고 구직 활동에 활용하면 많은 도움을 받을 수 있을 것이다.

[그림 5-1] 채용 유형별 채용 관련 회사

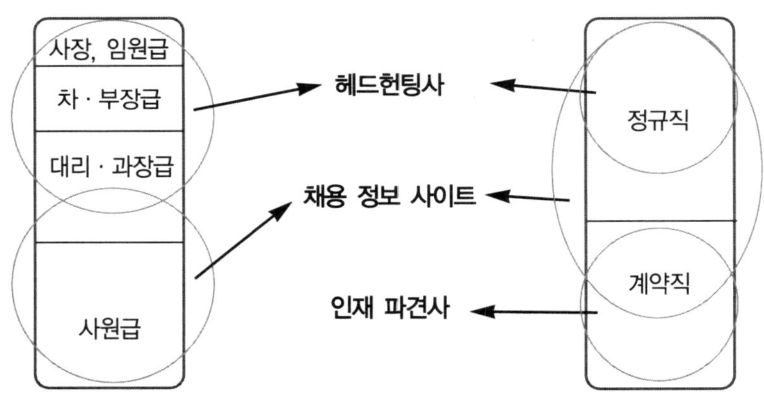

헤드헌팅사 (Executive Search Firm)

미국과 유럽 등지에서 탄생한 인재 선발 및 알선 전문회사로 서치펌(search firm)이라고도 불린다. 국내에 헤드헌팅사가 소개되기 시작한 것은 10여 년 전부터로, 그 역사는 아직 짧은 편이다. 이 유형의 회사들에는 주로 사장, 임원급(Executive level), 차/부장급(Senior level) 및 전문 경력 소유자(연구원, 컨설턴트 등)들이 주로 지원하며, 주로 외국계 기업이 주된 고객이다. 하지만 최근에는 국내 기업들의 이용도 점차 증가하고 있다.

　　한두 군데의 헤드헌팅사를 선정하여 영문 이력서 및 자기 소개서를 미리 제출하고, 가능하면 해당 컨설턴트와 직접 만나 상담을 해 보는 것이 좋을 것이다.

채용 정보 사이트 (Online Job Portal)

　　인터넷의 확산과 함께 시작된 새로운 형태의 채용 정보 회사. 주로 국내 기업들을 대상으로 하고 있으며, 대리/과장급, 신입사원 및 범용 인력 채용에 많이 이용된다. 단순한 구인/구직과 관련된 정보 이외에도 이력서 작성법, 면접 가이드, 채용 뉴스 등 다양한 컨텐츠 서비스를 함께 제공하고 있다. 최근 우후죽순 격으로 많은 채용 사이트들이 범람하고 있으므로 채용 사이트 등록 시에도 주의를 기울이기 바란다.

인재 파견사 (Temporary Agency)

　　2000년 인재 파견 관련 법률이 제정되면서 본격화되기 시작한 채용 정보 회사. 정규직 근무와는 달리 인재 파견사의 직원으로 소속되어 고객사에 파견 근무하는 형태를 취한다. 근무 기간이 정해져 있다는 것을 제외하고는 정규직 취업과 큰 차이가 없으므로 자유로운 취업 형태를 선호하는 사람들은 인재 파견사를 통해 구직을 해 보는 것도 좋은 방법이다. 하지만 앞서 말한 대로 인재 파견사에 소속되어 파견나가는 것이므로 회사를 신중하게 선택할 필요가 있다.

노동부 취업 정보 센터 Work-Net(http://www.work.go.kr)

　　노동부에서 직접 운영하고 있는 취업 정보 센터. 주로 중소기업 및 벤처 회사들의 구인 정보가 많이 올라와 있다. 무엇보다 노동부의 각종 통계치 및 취업 시장 관련 정책에 대한 내용들을 볼 수 있어 유용하다.

☞ 국내 주요 헤드헌팅사 및 채용관련 사이트 정보는 부록을 참조하시기 바랍니다.

산업군 및 회사 정보 검색

자신이 취업하기를 희망하는 산업군(Industry)과 회사가 어느 정도 구체적으로 정해지면 보다 체계적인 정보 수집에 들어가야 한다. 정보 수집을 통해 자신이 희망하는 산업군 및 회사가 정말 자신에게 잘 맞는지, 향후 비전이 좋은지 등을 재검토해 볼 수 있으며 향후 면접을 위한 준비도 미리 할 수 있다. 희망 산업군에 대한 정보가 필요하다면 인터넷을 통해 관련 산업 분야의 최근 뉴스, 경향 분석 기사, 향후 전망 기사 등의 자료를 수집하면 된다. 희망 회사군에 대한 정보를 조사할 때는 각 회사별 자료를 별도로 조사할 필요가 있다. 회사군에 대한 정보 수집에 중요 지표가 될 수 있는 것들은 다음과 같다.

- 회사 연혁, 향후 전망 및 비전
- 최근 리엔지니어링, 다운사이징, 조직 개편 등과 관련된 정보
- 최근 6개월 간의 주가 추이
- 언론 및 주식 시장에서의 기업 평가
- 주요 제품 및 서비스
- 회사 위치
- 전년도 영업 실적 및 동종 업체와의 비교
- 순익 구조 및 부채 정도
- 주요 경쟁 업체
- 기업 지배 구조(오너 직접 경영, 전문 경영인 경영, 오너 가족 경영 참여 등)
- 경영 이념 및 기업 문화
- 총 임직원 수
- 조직 구조, 근무 환경, 업무 로드 등
- 교육 제도 및 프로그램

- 조직 내 경력개발 및 승급 구조
- 승진, 승격 정책

상기 정보들을 조사하려면 꽤나 방대한 양의 자료를 뒤져야 할 것 같지만, 사실 그렇게 어려운 일은 아니다. 위 정보들을 효율적으로 조사하기 위해 활용할 수 있는 자료들은 회사 인터넷 사이트, 회사 연감, 각종 기업 연감(한국 기업 총람, 한국 경제 연감 등), 증권사 기업 평가 자료 등과 같은 것들이 있다.

인맥 네트워킹(Networking)

인맥 네트워킹이란 사회적 활동을 통해 지인을 넓혀 나가는 과정이다. 인맥 네트워킹은 아주 다양한 분야에 걸쳐 반드시 필요한 스킬 중 하나이며, 이 분야에 관한 전문 강좌나 관련 서적도 많이 등장하고 있다. 하지만 우리는 왠지 인맥 구축이라는 말에 약간씩 거부감을 가지고 있다. 아직도 인맥을 넓힌다고 하면 자신의 정치적 입지를 굳히거나, 경제적 이득을 취하기 위한 비정상적인 방법쯤으로 생각하고 있다. 아마 과거 한국의 정치 · 경제사에서 잘못된 인맥 집단에 의한 폐해를 무수히 보았기 때문일 것이다.

그러나 인맥 네트워킹이란 자신의 목표를 달성하기 위하여 자신에게 직 · 간접적으로 영향을 줄 수 있는 사람들과 인간 관계를 형성하고, 이를 통해 서로 유용한 정보를 교환하여 목표 달성에 한 걸음 더 나아갈 수 있도록 하는 목표 달성 수단이다. 즉, 특혜나 로비의 수단은 절대 아니라는 말이다.

통계에 의하면 채용 사례의 65~90% 정도가 이러한 네트워킹을 통해 이루어진다고 한다. 특히 많은 회사들이 효율적이고 안정적인 채용을 위해 직원 추천 프로그램(Employee Referral Program)을 도입하고 있는 최근의 상황에서는 인맥 네트워킹을 통해 취업할 수 있는 가능성이 더욱 커질 수밖에 없다. 인맥 네트워킹을 하기 전 반드시 선행되어야 할 것은 자신이 원하는 취업 기회에 대한 명확한 타겟팅이다. 이미 우리는 여러 가지 방법을 통해 자신의 관심 분야와 경력 계획에 대한 목표 수립에 대해 생각해 보았다.

인맥 네트워킹은 취업 기회를 찾고자 하는 사람들에게 많은 도움을 줄 수 있다. 인맥 네트워킹을 통해 체계적인 구직 활동을 한 사람들은 그렇지 못한 사람들에 비해 더 큰 만족과 높은 수입을 얻을 수 있다. 대부분의 사람들은 신문이나 채용 전문 회사에 올라와 있는 채용 공고를 통해 지원하는 방법을 가장 일반적인 취업 방법이라고 생각한다. 사실 아직도 이 방법만이 유일한 방법이라고 생각하는 사람들마저 있을 것이다. 하지만 인맥 네트워킹이라는 방법을 병행하여 구직 활동을 한다면 채용 공고만을 검색해서 구직하는 것보다 많은 이득을 볼 수 있는데 그 이유를 살펴보면 다음과 같다.

- 매체를 통한 채용 공고는 회사에서 우수한 인력을 찾기 위해 벌이는 구인 활동의 일 부분에 불과하다.
- 채용 공고라는 수단을 쓰는 경우는 아주 높은 자격 요건을 갖춘 사람을 찾기 때문에 사람을 구하기 어려울 때나, 반대로 아주 낮은 자격 요건을 갖춘 사람을 찾기 때문에 대량 광고가 효과적이기 때문이다.
- 채용 공고에 나오는 채용 숫자는 허수가 많다. 여러 대기업들이 공채 이전에 특채나 다른 형태의 채용으로 90% 이상의 채용을 끝내 놓은 상황에서 공채 공고를 낸다는 것은 이미 널리 알려진 사실이다.
- 채용 공고에 나오는 자격 요건은 실제 필요한 자격 요건보다 매우 높은 수준에서 작성된 것이다.

인맥 네트워킹을 하기 위해서는 당연히 많은 접촉을 시도해야 하는데 사실 이러한 작업은 사람에 따라서는 그 어떤 것보다 힘들 수 있다. 물론 독자들 중에는 생전 처음 만나는 사람과도 자연스럽게 대화를 풀어나가는 능력이 있거나, 효율적인 인맥 네트워킹 방법에 대한 좋은 아이디어가 있는 사람들도 있을 것이다. 그러나 잘하든 못하든 인맥 네트워킹에 있어서 가장 기본적인 원칙을 알 필요가 있다. 네트워킹에 있어 가장 기본적인 원칙은 Win-Win 관계를 형성시키고 유지해야 한다는 것이다. 당신이 상대방을 통해 도움을 받을 수 있듯이 당신도 상대방에게 도움을 줄 수 있는 관계를 형성하고 유지시켜야 한다는 것이다. 우선 당신의 목적을 상대방에게 충분히 이해시키고, 당신이 상대방에게 도움이 될 수 있는 것이 무엇일지 생각해 보라. 이러한 초기 시도를 통해 당신은 'Win-Win' 의 관계를 형성해 나갈 수 있을 것이다.

인맥 네트워킹의 가장 기본적인 바탕을 알았다면 이제 대인 접촉을 위한 자신감을 키우는 방법을 알아 보자.

자신감을 줄 수 있는 몇 가지 방법들

- 평소 다양한 활동을 통해 새로운 사람들을 만나는 기회를 많이 가지고, 그들이 당신과 당신의 재능에 대해 인식할 수 있도록 노력하라.
- 인맥 네트워킹 방법 중 자신이 힘들다고 생각하는 방법이 무엇이고, 자신에게 적합하다고 생각하는 방법이 무엇인지 명확하게 파악하고 그 방법대로 실행하라. 예를 들어, 모르는 사람과 전화로 이야기하는 것이 부담스럽다면 자신의 목적을 적은 이-메일을 먼저 보낸 후 전화를 하는 방법을 선택할 수 있을 것이다.
- 다른 사람과 접촉하기에 자신의 컨디션이 가장 좋은 시간을 정하고 그 시간에 중점적으로 연락을 하도록 하라. 예를 들어, 아침 시간에 가장 컨디션이 좋다면 주로 아침 시간을 이용하여 전화 접촉을 시도해 보라.

이런 방법을 통해 인맥 네트워킹을 위한 활동을 하다 보면 정말 하기 싫고 힘든 과정을 거쳐야만 할 때도 있을 것이다. 하지만 이러한 모든 활동이 결국에는 당신의 자신감을 고취시키고 능력을 향상시키는 데 큰 도움을 줄 것이다.

먼저 자신의 인맥을 점검하라

새로운 사람을 고용하여야 하는 고용자 입장에서는 생전 처음 보는 사람 보다는 어떤 관계를 통해서든 기존에 알고 있는 사람을 선호할 수밖에 없다. 이러한 이유로 직원 추천 프로그램(Employee Referral Program)이 효과적인 채용 방법의 하나로 각광 받고 있는 것이다. 즉, 입사하고 싶은 회사의 내부에 있는 사람과 접촉하여 그와 서로 밀접한 관계를 맺고, 그를 통해 당신을 그 회사에 추천하도록 하는 것이 아주 성공적인 구직활동 중 하나라는 것이다. 인맥 네트워킹을 통해 가급적 당신이 취업 기회를 갖고 싶어하는 회사 내부의 사람을 찾아서 그와 지속적인 관계를 형성하도록 노력하라.

사실 당신은 지금까지 살아오면서 이미 많은 사람들과 네트워크를 형성해 왔다. 인맥의 정도는 성격이나 성향에 따라 다소 차이가 날 수 있지만, 우리가 알고 있는 정도보다 훨씬 광범위하다는 것에 주목할 필요가 있다. 적극적인 인적 네트워크의 구축은 구직 활동에 도움을 줄 뿐 아니라 사회 안에서 성공적인 경력개발을 위해 매우 필수적인 요소이며, 핵심 기술이라고 할 수 있다. 아울러 인맥이란 외향적이고, 사람 만나기를 좋아하는 성격을 바탕으로 자연스럽게 얻어질 수도 있지만, 좀더 체계적이고 전략적인 방법을 통해 확장될 수도 있다. 당신이 이미 구축하고 있는 인적 네트워크를 잠시 살펴보면 다음과 같다.

- 가족
- 친척
- 친구
- 전 직장 상사
- 전 직장 동료
- 학교 선/후배
- 이웃들
- 소속된 전문 협회의 회원들
- 전문적인 모임에서 만난 사람들

[그림 5-2] 인적 네트워크 구성도

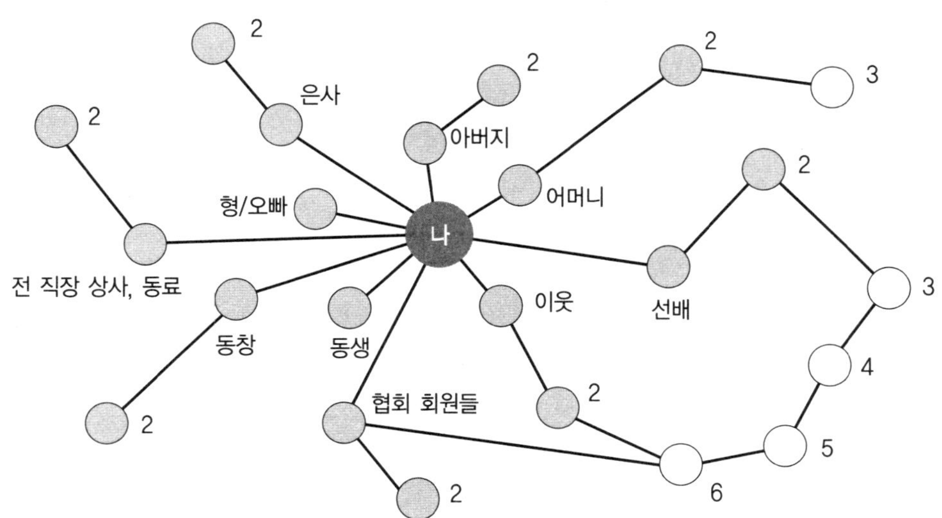

그림에서 보듯이 우리는 우리와 매우 밀접한 관계를 형성하고 있는 1차적 인적 네트워크와 그들과 매우 밀접한 관계를 형성하고 있는 2차적 인적 네트워크, 그리고 2차적 인적 네트워크와 매우 밀접한 관계를 형성하고 있는 3차적 인적 네트워크, 계속하여 4차, 5차, 6차 등 매우 광범위하고 다양한 인적 네트워크를 구성하고 있음을 알 수 있다.

인적 네트워크를 구축하는 목적은 지금까지 우리 사회의 큰 병폐 중 하나인 혈연, 지연, 학연을 바탕으로 부당한 이득을 취하고자 하는 것이 아님을 명확하게 해두고 싶다. 여기서 인적 네트워크를 형성하고자 하는 이유는 회사 및 직무에 대한 정확한 정보를 수집하고 숨어 있거나 잠재된 채용 정보를 효율적으로 수집하기 위함이다.

최근 들어서는 각종 채용 정보를 제공하는 매체나 채용 관련 회사를 통해 구직을 하는 경우보다 이러한 인적 네트워크를 통해 구직하는 경우가 더 많다. 특히 최근에는 각 회사들마다 직원 추천 프로그램(Employee Referral Program)을 채택하고 있어 그 기회는 과거보다 훨씬 더 많아진 편이다.

인맥 네트워킹 과정

이제 본격적인 인맥 네트워킹 활동을 시작해 보자. 우선 당신이 알고 있는 사람들 리스트를 20명 이상 적어 보자. 그리고 리스트에 작성된 사람들을 보며 다음을 생각해 보자.

1. 이 사람이 당신이 입사하고자 하는 회사에서 실질적인 채용 권한을 가지고 있는가?
2. 이 사람이 당신이 입사하고자 하는 산업 분야에 대한 많은 지식과 인적 네트워크를 가지고 있는가?
3. 이 사람이 당신이 입사하고자 하는 분야에서 당신을 다른 사람들에게 많이 추천해 줄 수 있는가?

　2번이나 3번에 해당하는 사람들은 1번에 해당하는 사람들에게 당신을 추천해 줄 수 있을 것이다. 당신이 취업 기회를 가지고자 하는 회사에 종사하거나, 주변에 살고 있거나, 그 분야에 대한 인맥이나 전문 지식이 많은 사람들의 이름 옆에 '＊' 표시를 하라. 만약 당신이 접촉해야 할 사람이 당신이 원하는 회사에서 직접적인 채용 권한을 행사할 수 있는 사람이 아니라고 해도, 그 사람들에게 당신의 경력개발 계획에 대한 목적 및 목표를 명확하게 얘기하라. 그들은 자신이 가지고 있는 다양한 정보를 나누어 줄 수도 있고, 채용 권한이 있는 사람들의 정보(이름, 전화번호, 이메일 등)를 제공해 줄 수도 있다. 이를 위해 먼저 [표 5-3, 네트워킹 리스트]를 작성해 보자.

　인맥 네트워킹이라는 것은 단순하게 명함만을 잘 관리하고 도움을 요청하는 것이 아니다. 네트워킹은 일방적이 아닌 상호적인 관계에서 성립되어야 하는 것이다. 그런 의미에서 상대방에게 무언가를 배우고 당신 또한 상대방에게 유익한 것들을 제공해 주어야 한다. 이런 상호 친밀한 관계에서 필요한 것 중 하나는 상대방의 말에 귀를 기울이는 것이다. 당신이 그들에게 관심을 갖고 그들에 대해 알고자 하는 데 많은 시간을 투자하면 할수록 긴밀한 관계가 만들어지며 결국 그들은 당신에게 서서히 대화의 문을 열게 될 것이다.

　그리고 더 나아가 그들로 하여금 당신이 무엇을 필요로 하는지 그리고 당신이 이루고자 하는 특정 목표가 명확하게 무엇인지에 대해서 관심을 갖게 하라. 그러기 위해서는 당신의 목표를 그들에게 설명해야 하는데 이때 질문의 형식은 단답형이 아니라 문답형을 택하는 것이 좋다. "아는 사람이 있느냐" 처럼 "예", "아니오" 로 단순히 끝나는 질문보다 "이 분야에 관련된 사람 중에 누구를 아느냐?" 라는 식의 질문이 더욱 효과적이다.

　실례로 "얼마 전에 ABC라는 회사가 새로운 부품 라인을 도입하기 위해 ○○도시로 진출한다는 기사를 읽었습니다. 제가 최근 프로젝트를 진행하면서 그것과 관련된 분석 조사를 해서 이러이러한 것들을 성공적으로 이끌어 내었습니다. 그

[표 5-3] 네트워킹 리스트

[성 명]	소속/직위
	전화번호
	전자 우편
	[최초 접촉 일시]
	[통화 내용 및 정보]
	[2차 접촉 일시]
	[통화 내용 및 정보]
	[3차 접촉 일시]
	[통화 내용 및 정보]
[성 명]	소속/직위
	전화번호
	전자 우편
	[최초 접촉 일시]
	[통화 내용 및 정보]
	[2차 접촉 일시]
	[통화 내용 및 정보]
	[3차 접촉 일시]
	[통화 내용 및 정보]
[성 명]	소속/직위
	전화번호
	전자 우편
	[최초 접촉 일시]
	[통화 내용 및 정보]
	[2차 접촉 일시]
	[통화 내용 및 정보]
	[3차 접촉 일시]
	[통화 내용 및 정보]
[성 명]	소속/직위
	전화번호
	전자 우편
	[최초 접촉 일시]
	[통화 내용 및 정보]
	[2차 접촉 일시]
	[통화 내용 및 정보]
	[3차 접촉 일시]
	[통화 내용 및 정보]

때문에 그 기사에 관심이 가더군요. 그리고 이제까지 진행한 프로젝트와 긴밀한 연관이 있어서, 제가 그 부품 라인을 성공적으로 도입하는 데 기여할 수 있다는 자신감이 있습니다. 혹시 ABC라는 회사에서 근무하고 있는 분중에 제가 접촉할 만한 사람이 있나요?” 라고 물어보면 된다. 그러면 자연스럽게 자신의 능력과 기술을 설득력 있게 보여줄 수 있는 것이다.

이렇게 1차 네트워크에 포함되는 사람들과의 접촉을 마치고 그를 통해 목표로 하는 분야에서 종사하고 있는 사람들의 명단이 접수되면, 2단계 네트워킹에 들어간다. 2단계 네트워킹에서 명심해야 할 것은 사전에 구직과 관련된 직접적인 부탁을 하기 위한 목적이 아님을 분명히 밝히는 것이다. 대신 일과 관련된 전문적인 조언을 듣고자 하는 목적임을 밝히는 것이 좋다. 아울러 만나는 자리에서도 결코 직접적으로 구직을 부탁하지 말고 그들에게 현 상황에서 어떤 것들을 추천할 수 있는지, 몸담고 있는 분야에서 어떤 쪽이 전망이나 기회가 좋은지, 혹은 전망 있는 분야를 조언해줄 수 있는 사람이 있는지, 그리고 앞으로의 비전이나 미래에 대해서 같이 이야기해볼 수 있는 사람은 누군지 등에 대해서 조언을 부탁하는 식으로 이야기를 풀어나가는 것이 좋다.

더불어 그들에게 어떤 사람과 만나 보면 좋을지에 대해 물어 보라. 몇 차례 이런 과정을 통해서 또 다른 2~3개의 추천을 받게 된다. 뿐만 아니라 그들이 하는 이야기를 귀 기울여 듣다가 괜찮은 회사나 조직을 언급하면 그때는 그에 관련하여 이야기할 수 있는 사람이 있는지 물어 보라. 그리고 그 사람에게 전화를 걸어 당신이 어떻게 그 사람을 알게 되어 있는지를 (물론 추천인 본인이 추천했음을 알려도 좋다고 했을 시) 밝히고 대략 15분 정도 당신에게 시간을 내어 달라고 조심스레 요청해 보도록 하라.

이야기를 진행하면서 절대 잊지 말아야 할 것은 이 만남을 통해서 또 다른 사람을 알아내야 한다는 것이다. 하지만 말처럼 이러한 과정이 쉽지만은 않다. 이런 경우 상대방의 관심사를 알아내어 그들이 관심 있어 할 만한 유용한 정보를 제공한다면 상대로부터 기대 이상의 반응을 이끌어낼 수 있다. 예를 들어, 그들의 관심을 끌만한 기사나 정보를 검색해서 기억했다가 자연스럽게 이야기를 꺼내면 관계 형성에 도움이 된다. 설령 당신이 제공한 정보를 이미 상대방이 접해 보았다고 할지라도 당신이 목적으로 하는 대화는 충분히 이끌어 낼 수 있을 것이다.

채용 담당자와의 접촉(전화로 이루어지는 경우)

2차 네트워킹 과정까지 끝났다면 이제 본격적으로 채용 권한을 행사할 수 있는 채용 책임자나 채용 담당자를 접촉해 보도록 하자. 대부분 이러한 접촉은 전화를 통해 이루어 진다. 직접 방문하여 만나는 것은 여러 가지 상황으로 미루어 쉽지 않을 것이다. 직접 만나서 얘기하지 못할 경우 전화 통화를 통해 당신이 얻고자 하는 정보를 얻을 수 있다. 하지만 모르는 사람에게 전화를 해서 필요한 정보를 얻어낸다는 것이 그리 쉬운 일은 아니다. 전화를 통해서 대화하는 것을 다소 두렵게 느낄 수도 있을 것이다. 이런 두려움에서 벗어나기 위해서는 철저한 준비가 필요하다. 당신이 말하고자 하는 내용은 충분한 생각을 통해서 정리되어야 하며 대화를 시작하기 전에 목소리를 잘 다듬는 과정이 필요하다.

자신이 전달하려고 하는 메시지는 사용하는 어휘를 통해서라기보다는 자신이 어떤 식으로 말하는가에 의해서 전달된다. 즉, 직접 대면하여 이야기를 풀어나가는 것보다 훨씬 더 어려울 수 있다. 하지만 철저한 준비를 통해 자신이 사용하는 미디어(전화)의 특성을 충분히 활용한다면 직접 대면에서보다 더 좋은 결과를 얻을 수도 있다.

우선 본격적인 전화에 앞서 3분에서 5분 정도 이야기 할 부분을 녹음해서 들어 보라. 정감 어린 톤으로 이야기하고 있는지, 듣는 사람이 듣기 편안한 속도로 이야기하고 있는지, 말하는 어휘 하나 하나가 분명한지, 듣기 쉬운지 등을 꼼꼼히 체크해 보라. 그리고 당신이 강조하고자 하는 부분이 제대로 드러나고 있는지, 자신도 모르게 어떤 습관이나 버릇 때문에 듣는 사람의 관심을 흩트리고 있지는 않은지, 또는 불필요한 의성어가 중간 중간에 들어가 있지는 않은지 (예를 들어, 음, 에, 아시다시피, 등등), 그런 의성어들이 자신이 생각하는 와중에 자연스레 흘러 나오지는 않는지 등을 들어보고 그런 습관을 없애도록 해야 한다.

전화는 상대방에게 몸짓이나 행동으로 이해시킬 수 있는 여지가 전혀 없으므로 더욱 신경을 써서 이야기해야 한다. 상대방에게 보여지지는 않지만 비즈니스를 직접 할 때 취하는 매너나 웃음을 띄운 채 말하는 것과 같은 전화 통화 방식은 당신을 좀더 프로답게 느끼게 할 뿐 아니라 여유있고 긍정적인 모습으로 비춰지도록 한다. 반드시 적극적이면서도 정중한 인상을 보여주어야함을 잊지 말라.

전화 통화를 통해 얻은 도움이 될 만한 정보는 리스트에 이름을 추가시킬 때 밑에 같이 기입해 두라. 그러면 그 사람들에게 다시 전화를 할 경우가 생길 때 중요한 역할을 하게 될 것이며 좀더 친근감을 불어넣어줄 것이다. 전화할 상대가 정해지면 물어보고자 하는 질문을 적어놓되, 일반적으로 쉽게 얻을 수 있는 정보 예를 들어, 인터넷이나 시중에 나와있는 서적이나 정보지 등을 통해서 쉽게 얻을 수 있는 것을 물어보지 않도록 주의하라.

항상 기억해야 할 것은 이렇게 전화 통화를 하면서 얻게 된 정보나 이름 혹은 쓰여졌던 어휘나 용어를 잘 기록해 두어야 한다는 것이다. 또한 전화를 한 날짜와 이후 취해야 할 사항에 대해서도 기록해 두어야 한다. 그러면 다시 그 사람에게 전화를 해야 할 경우, 그 기록을 통해서 이전에 어떤 부분을 이야기했었는지를 상기시킬 수 있을 것이다.

인터넷을 통한 네트워킹

네트워킹을 위한 매우 유용한 수단 중 하나가 인터넷이다. 최근 인터넷에는 각 분야에 관심 있는 사람들간의 동호회 활동이 매우 광범위하게 이루어지고 있으며 그 종류나 분야도 매우 다양하다. 이러한 동호회 및 사이트에 회원으로 가입하여 당신이 목적하는 네트워킹을 성공적으로 이룰 수도 있다. 하지만 인터넷을 통한

네트워킹은 긍정적인 측면만큼 부정적인 측면도 많이 있음을 염두에 두기 바란
다.

긍정적인 측면

- 일반적으로 전통적인 네트워킹을 통해 만날 수 있는 것보다 다양한 경력을 가진 사
  람들을 만날 수 있다.
- 효과적이고 경제적인 의사 소통 수단이다.
- 장소, 시간, 대상에 구애 받지 않고 쉽게 접촉할 수 있다.

부정적인 측면

- 인터넷을 통한 의사 소통은 친밀한 정도에 있어 전화나 직접 얼굴을 마주하는 의사
  소통보다 약하다.
- 구두를 통해서 전달할 수 있는 세밀한 부분을 표현하기 어렵다.
- 개인 정보가 유출될 수 있다.

당신이 동호회에 가입하였다면 가급적 당신의 존재를 부각시킬 수 있도록 많
은 글을 올리도록 하라. 물론 인터넷이라는 매체 특성상 당신이 올린 글을 통해
당신이 평가 받게 되므로, 신중하고 예의 바른 글을 작성하는 것이 중요하다. 아
울러 인터넷 모임은 강력한 인간 관계에 의해 형성되고 지속적인 만남을 통해 유
지되는 것이 아니므로, 당신에게 호감을 가지는 사람을 만들 수 있는 것만큼이나
당신과 다른 생각, 심지어 적대적인 감정을 가지는 사람을 만들기도 매우 쉽다는
사실을 기억하라.

사후관리가 더 중요하다

인맥 네트워킹은 처음 시작하는 것보다 그 관계를 유지하는 것이 더욱 중요하

다. 처음으로 상대방과 접촉한 후 그가 당신에게 어떤 요구를 해왔다면 그에 대한 응답을 가급적 빠른 시간 내에 하라. 아울러 당신에게 유용한 정보를 제공하였거나, 자신의 시간을 할애하여 당신과 얘기를 나누었거나, 당신을 직접적으로 어디에 추천을 해 주었던 모든 사람들에게 감사의 편지를 쓰는 것을 절대 잊지 말도록 하라. 또한 당신이 목표로 한 회사에 취업하게 되었다면 당신이 취업과 관련해 부탁을 한 적이 있는 모든 사람들에게 빨리 그 사실을 알려 불필요한 노력을 하지 않도록 하는 것도 중요하다. 인맥 네트워킹 과정을 통해 알게 된 모든 사람들은 평생 당신의 주요한 자산이 될 수 있으므로 철저히 관리하라.

6. 성공적인 이력서 작성하기

이력서는 나 자신을 팔기 위한 광고이다

이력서는 자신을 팔기(selling) 위한 광고이다. 아울러 고객에게 제품의 자세한 기능 및 장점, 사용 방법 등을 알려주는 안내서와도 같다. 기업들은 자사의 제품의 우수성을 알리고 고객들에게 구매 욕구를 심어 주고자 매년 수백억 원의 자금을 광고에 쏟아 붓고 있다. 실제로 똑같은 성능의 제품이 잘 된 광고 하나로 상대 제품에 비해 훨씬 더 시장 점유율이 높은 경우를 쉽게 볼 수 있으며, 잘 된 기업 홍보 광고 하나로 돈을 주고 살 수 없는 기업 이미지 개선의 효과를 보는 경우도 쉽게 볼 수 있다.

당신은 지금 망망대해에 혼자 조그마한 뗏목을 타고 목적지를 향해 항해해 가고 있다. 옆에는 당신과 비슷한 처지에서 혼자 외로운 항해를 하고 있는 사람들이 수천만 명에 달한다. 어떤 사람들은 당신보다 더 초라한 뗏목에 몸을 의지하고 주변을 두리번거리는가 하면 어떤 이는 꽤나 단단하고 멋져 보이는 보트를 타고 여유롭게 목적지를 향해 질주하고 있다.

여러분은 '(주) 나'의 사장이다. 이 회사에서 생산되는 유일한 제품은 바로 자신이며, 이 제품의 성공 여부가 회사의 운명을 좌우한다. 세상의 어떤 회사도 수천만의 경쟁자를 상대로 싸워나가고 있는 회사는 없다. 수천만 명과의 경쟁에서 우위를 점유하고 남들보다 빠르고 정확하게 목적지를 향해 달려야만 한다. 힘든 경쟁이 아닐 수 없다.

이력서는 시장에 '나'라는 제품을 선보이고 홍보하기 위해 가장 기본적으로 만들어야 하는 광고이자 제품 안내서이다. '나'라는 제품을 어떻게 하면 잘 홍보할 수 있을지, 어떻게 하면 고객들이 호감을 가지고 주목하게 할 수 있을지를 판가름하게 하는 도구이다. 이 과정을 성공적으로 통과하여야만 조금씩 당신이라는 제품에 대한 주문이 들어올 것이다.

이력서 작성, 왜 중요한가?

- 성공적인 취업을 위한 첫 관문이다.
- 자신을 회사에 홍보할 수 있는 유일한 방법이다. 즉, 당신의 경력과 당신이 보유한 능력을 보여줄 수 있는 유일한 수단이다.
- 당신의 이력서는 무수히 쌓이는 수많은 이력서 중 하나에 불과하며, 면접으로 가기 위해서는 반드시 다른 이력서보다 우수해야 서류 전형을 통과할 수 있다.
- 같은 경력과 능력이라도 어떻게 포장하느냐에 따라 다르게 보여질 수 있다.
- 채용 담당자들은 이력서 한 장으로 당신의 성격과 능력, 이미지, 해당 자리에 적합한지의 여부 등 많은 것들을 판단하려는 경향이 있다.
- 이력서를 잘 작성한 구직자의 70% 이상은 자신이 원하는 자리에 성공적으로 취업하고 있다.
- 이력서에서 받은 첫인상이 면접 결과와 최종 채용 결정에까지 큰 영향을 미친다.

성공적인 이력서 작성을 위한 10가지 법칙

1. 명확한 목적 의식과 목표를 명시하라

당신의 경력개발 목표, 해당 회사 및 직무에 지원하는 목적 등을 압축된 한 문장으로 표현하여 당신이 명확한 목적 의식과 목표를 가지고 지원하는 것이라는 인상을 심어주어야 한다.

2. 최대한 압축하라

이력서는 최대 3장을 넘기지 않는 것이 좋다. 너무 짧고 내용이 부실한 이력서도 문제지만, 이것 저것 잡다하게 늘어 놓은 이력서 또한 이력서를 읽는 사람에게는 짜증나는 일이다. 자신의 가장 인상적인 것을 보여 줄 수 있는 선에서 최대한 압축하라. 서류 작성에 있어 불필요한 요소들은 과감하게 삭제하는 용기도 필요하다.

3. 경력을 자세히 기재하라

경력 사원의 경우 경력 내용이 그 사람에 대한 모든 것을 이야기해 준다. 경력 사항을 자세하게 기재하라. 재직 기간, 재직 회사명, 소재지, 근무부서, 직급 및 직책, 담당 업무, 실제 수행했던 과제, 성취 업적 등을 아주 자세히 기재하여야 한다. 엔지니어의 경우 담당 프로젝트에 대한 자세한 기술서를 별첨 형태로 작성하여 첨부하는 것도 필요하다. 하지만 절대 과장하거나 거짓으로 기재하는 우를 범하지 말라.

4. 자신이 보유한 기술 및 능력을 최대한 기재하라

컴퓨터 활용 능력(Computer Skills), 보유 기술(Technologies), 언어 구사 능력(Language Skills), 기타 업무 수행 능력(Presentation Skill, Communication Skill,

Interpersonal Skill 등) 등 당신이 보유하고 있는 기술 및 능력을 최대한 기재하라.

5. 디자인에 신경 써라

이력서를 보는 사람이 쉽게 당신의 이력서를 읽을 수 있도록 디자인에 신경을 쓰기 바란다. 무미 건조하거나 두서 없이 작성된 이력서보다는 깔끔하고 일목요연하게 디자인된 이력서를 보는 것이 훨씬 기분 좋은 일이다. 가끔 당신이 강조하고 싶은 부분을 강조하는 센스도 필요하다.

6. 이력서 앞 부분에 반드시 자신의 경력, 기술, 능력 등을 요약하여 기재하라

당신의 이력서를 보는 사람은 5초 안에 당신의 이력서를 계속 볼 것인지, 옆으로 치워둘 것인지를 결정한다. 그러므로 이력서 전반에 당신의 모든 것을 압축적으로 담은 요약 부분을 반드시 기재하라. 단 몇 줄을 보고도 당신에게 관심을 가질 수 있도록 하는 것이 최고의 이력서 작성 전략이다.

7. 자신만이 알고 있는 전문 용어나 기술 용어는 가급적 피하라

매우 소수의 사람만이 알고 있는 전문 용어나 기술 용어는 가급적 피하는 것이 좋다. 꼭 필요한 경우에는 괄호나 혹은 주석을 이용해 간단히 설명을 달아주는 것도 매우 좋은 방법이다.

8. 오타 및 오기를 조심하라

오타 및 오기는 당신의 이미지를 매우 나쁘게 만들 수 있는 큰 실수이다. 이력서 작성 후에는 반드시 몇 번의 검토 과정을 통해 단 한 개의 오타 및 오기도 없도록 주의해야 한다.

9. 한 가지의 이력서로 모든 회사와 모든 직무에 지원하지 말라

기본 이력서를 작성한 후 실제 회사에 지원할 때는 지원하는 회사 및 직무에 따라 조금씩 버전을 달리 하여 이력서를 제출하는 것이 좋다. 자신이 지원하는 회사 및 직무에 잘 맞추어 작성된 이력서는 프로페셔널한 인상을 심어주기에 충분하다.

10. 회사에서 널리 사용하고 있는 워드 프로그램을 이용하라

회사에서 널리 사용하고 있는 MS-Word 및 흔글 등의 문서 작성 프로그램으로 이력서를 작성하라. 가끔 엑셀 등의 프로그램을 통해 이력서를 작성하는 사람들이 있는데 이는 절대 피해야 한다.

이외에 성공적인 이력서 작성을 위해 다음의 과정을 숙지하기 바란다.

- 자세한 자기 평가(Self -Assessment) 자료를 작성한다.
- 당신이 지원하고자 하는 자리에 대한 자세한 자격 요건이나 직무 기술서(Job Description)에 대한 정보를 수집한다.
- 정식 이력서 작성에 앞서 이력서에 들어갈 여러 사항들을 빠짐없이 포함하는 초안을 작성한다.
- 당신이 작성한 초안을 바탕으로 나열 순서 및 디자인 등을 결정한다.
- 정식 이력서 작성 전 반드시 당신의 초안을 전체적으로 검토해 줄 수 있는 조력자에게 검토를 의뢰한다.

국문 이력서 초안 만들기

<table>
<tr><td>

1. 개인 정보

- 성명

- 성별

- 가족 사항

- 병역

- 주민등록번호

- 주소

- 집 전화 번호

- 핸드폰 번호

- 회사 전화 번호

- 회사 팩스 번호

- 전자 우편 주소

- 웹 페이지(보유한 경우)

</td></tr>
<tr><td>

2. 지원 분야 및 목적

</td></tr>
<tr><td>

3. 보유 기술 및 업무 스킬

- 컴퓨터(엔지니어는 자세하게 기재)

- 언어(시험 점수가 있는 경우는 점수 기재, 없는 경우에는 상/중/하로 기재)

- 전문 기술

- 업무 스킬(각 업무별로 요구되어지는 스킬)

- 자격증

</td></tr>
</table>

4. 학력 사항

- 학교명
- 학위
- 기간
- 소재지
- 전공
- 수상 경력
- 정규 학교 외 이수한 교육 사항

5. 경력 사항

- 회사명
- 기간
- 소재지
- 근무 부서
- 직위 및 직책
- 수행 업무 및 프로젝트
- 성취 업적
- 수상 경력

6. 자원 봉사, 사회 봉사 및 협회 활동

- 기관
- 기간
- 수행 업무
- 성취 업적

7. 논문 및 저서

8. 활동 사항 및 취미

- 과외 활동 사항
- 취미
- 전반적인 관심 분야

영문 이력서 초안 만들기

<table>
<tr><td>

1. Personal Data

- Name
- Address
- Phone Number (Office/Home/Mobile)
- E-mail Address
- Web Page(if appropriate)
- Date of Birth

</td></tr>
<tr><td>

2. Current Work Objective

</td></tr>
<tr><td>

3. Special Skills & Qualities Related to Objective

- Computer Skills
- Technologies
- Language Skills
- Other Skills
- Certificates received

</td></tr>
<tr><td>

4. Education

- School Name
- Period
- Location
- Major
- Degree
- Other significant facts (e.g., honors, awards, credentials, achievements)

</td></tr>
</table>

5. Work Experience

- Company Name
- Period
- Location
- Department
- Title or Position Name
- Roles & Responsibilities
- Accomplishments
- Achievements
- Sample of best work if relevant

6. Volunteer Work, Community Involvement, Association Membership

- Organization
- Length of involvement
- Role
- Accomplishments
- Sample of best work if relevant

7. Publications, Presentations & Reports

8. Activities & Interests

- Extracurricular activities
- Positions of responsibility you have held
- Athletic accomplishments
- Range of general interests

디자인의 중요성

이력서는 앞에서도 이미 언급한 바와 같이 광고를 위한 문서이다. 광고는 아이디어이고 느낌이며 디자인이다. 이력서를 어떻게 디자인하느냐는 단순하고 쉬운 문제인 것처럼 보이지만, 사실 이력서 작성의 매우 큰 부분을 차지한다. 자신의 이력서를 검토하는 사람이 쉽게 요점을 찾을 수 있게 하는 디자인, 전체적으로 매우 짜임새 있고 잘 꾸며진 것 같다는 인상을 남기는 디자인, 자신의 경력을 값 비싼 보석을 포장하듯 더욱 가치있게 할 수 있는 디자인, 바로 이러한 것들이 성공적인 이력서 작성을 위해 고려해야 할 디자인의 핵심이다. 이력서 디자인을 결정할 때 몇 가지 유의할 사항은 다음과 같다.

- 전체 디자인은 출력된 형태를 고려하여 계획하라.
- 빈 공간을 너무 많이 두어 전체적으로 허술하다는 느낌이 들게 하지 말라.
- 너무 크거나 너무 작은 서체는 사용하지 말라.
- 지원하는 회사 및 직무에 따라 차별화된 디자인을 취하라.
- 강조하고자 하는 부분을 하이라이트처리 하라.
- 전반부에 지원 목적 및 경력에 대한 요약을 배치하고 후반부에 상세한 기술을 배치하도록 하라.

국문 이력서 구성 요소 및 작성 예

기본 인적 사항

기본 인적 사항은 당신을 나타내는 가장 기본적인 사항이며, 채용 과정 중 회사와 당신을 연결하는 연락처에 대한 기재이므로 가능한 빠짐 없이 정확하게 기재하도록 하라.

- 세부 사항 : 성명, 주민등록번호(혹은 생년월일), 성별, 병역, 가족 사항, 전화번호(집, 사무실, 휴대폰), 주소, 전자 우편 주소, 웹 페이지 주소 등.
- 성명은 한글과 함께 한문을 병기한다.
- 연락처 및 주소를 기재할 때는 연락 가능한 모든 번호(사무실, 집, 휴대폰 등)를 기재하여야 하며, 만약 입사 지원 이후 이사할 계획이 있다면 "몇 월 몇 일 이후 주소 및 전화 번호 변경 예정"이라는 부연설명과 함께 연락 가능한 정보(이-메일, 휴대폰 번호 등)를 반드시 명기한다.
- 주민등록번호 표기를 원하지 않을 경우에는 주민등록상 생년월일을 반드시 명기한다.
- 가족 사항에 대한 요구는 회사에 따라 다를 수 있다. 특별한 요청이 없는 경우에는 간략하게 작성하도록 한다.

  예) 기혼의 경우 : 기혼. 1남   /   미혼의 경우 : 1남 2녀 중 첫째

지원 분야 및 목적

자신이 지원하고자 하는 분야와 어떠한 목적 및 목표를 가지고 지원하는지에 대하여 기술하는 부분이다. 과거에는 이력서 상단에 지원 분야를 한 단어로 표기하는 방법이 주를 이루었다. 그 방법대로 작성해도 무난하나 좀더 적극적인 인상을 주기 원한다면 지원 분야 및 목적에 대해 별도 항목을 만들어 더욱 자세하게 기재하는 편이 좋을 것이다.

■ 기본 인적 사항보다 상단에 기재하도록 한다.

■ 지원 분야를 한 단어로 표기하거나, 자신의 지원 목적 및 목표, 이 직무를 수행하여 궁극적으로 어떤 경력개발을 하겠다는지를 모두 포괄하여 압축적인 한 문장으로 표현하도록 한다.

예) 다년간 축적된 정보통신 분야 영업 현장 경험과 업무 능력을 기반으로 귀사의 영업 매니저 직무에 지원하여 영업 매니저로서의 경험과 업무 능력을 향상시키고자 함.

경력 및 자질 요약

당신의 이력서는 채용 담당자의 손에서 짧게는 5초, 길어야 10초 이내에 더 읽어야 할지 그만 옆으로 치워야 할지 결정된다. 경력 및 자질에 대한 요약 사항은 기존의 국문 이력서에는 없는 부분이지만 반드시 기재할 것을 권장한다. 자신의 전체 경력 및 자질(보유기술, 업무 능력 등)에 대해 함축적이고도 압축된 형태로 기재하여 이에 관한 자세한 내용을 읽지 않더라도 어느 정도 당신의 자질을 파악할 수 있도록 작성하라.

■ 기본 인적 사항 바로 다음에 배치하라.

■ 3~5 가지 정도의 요약 사항을 작성한다.

■ 요약하되 구체적(숫자, 구체적인 지식 등)으로 기재하라.

■ 포함되어야 할 요약 사항

- 전체 경력에 대한 요약(총 경력 연수 등)

- 업무 능력에 대한 요약

- 기술 및 스킬(skill)에 대한 요약

- 핵심 역량(Competency)에 대한 요약

- 자신의 성향(긍정적 성향)을 중심으로 요약

- 직무와 관련된 정규 및 비정규 교육 과정에 대한 요약

- 언어 구사 능력에 관한 요약(외국어 및 커뮤니케이션 능력 등)

- 정보 통신 분야 9년 이상의 기술 영업, 컨설팅, 채널 영업, 법인 영업 등의 경력
- 외향적인 성격으로 외국계 기업에서의 다양한 문화 경험과 완벽한 영어 구사 능력 보유
- 컴퓨터 하드웨어, 소프트웨어 및 시스템 전반에 대한 전문적인 지식 보유
- 해외 및 국내 정보 통신 분야에서의 비즈니스 모델 습득 및 다양한 경험
- 탁월한 프리젠테이션 능력 및 고객 지향주의적 사고
- 새로운 비즈니스 모델에 대한 빠른 습득력 및 새로운 조직에 대한 적응력이 뛰어남, 새로운 도전에 대한 높은 성취 욕구

경력 사항

경력 사항은 앞에서도 잠시 언급하였듯이 이력서에서 가장 중요한 부분이며 따라서 이력서 작성 시에도 가장 신경 써서 작성해야 할 부분이다. 대부분의 경험 많은 채용 담당자 및 채용 책임자들은 경력 사항에 기재된 사실만으로도 어느 정도 그 사람이 적합한지 아닌지를 판단할 수 있다.

- 경력 사항에 반드시 들어가야 할 요소 : 직장명, 재직 기간, 소재지, 근무 부서, 직급 및 직위, 주요 업무, 성취 업적 등
- 직장명은 회사의 공식적인 정식 명칭을 기재한다.
- 재직 기간은 년/월까지만 표기하도록 한다.
- 한 군데 이상의 경력이 있을 경우 가장 최초의 경력부터 차례대로 적는다.
- 일반적으로 많이 알려진 회사가 아닌 경우 회사에 대한 간략한 부연 설명을 첨부하도록 한다.
- 한 회사에서 부서 및 직무가 변경된 경우에는 기간과 부서, 직무를 별도로 표기하여 작성하도록 한다.

■ 자신이 주로 담당하였던 업무를 정확하게 기재한다.

■ 성취 업적은 자신이 재직 기간 중 가장 성공적이었다고 생각되는 부분들을 중심으로 작성하도록 하며, 가능한 한 숫자 등을 이용하여 구체적이고 실제적으로 작성하도록 한다.

■ 회사에서 재직 기간 중 수행하였던 주요 프로젝트에 대한 상세 기술을 원하는 경우 프로젝트 수행에 대한 별도 자료를 작성하여 별첨 형식으로 첨부하도록 한다. 엔지니어의 경우에는 가급적 프로젝트 수행에 대한 자료를 별도로 준비하는 것이 좋다.

작성 예

한성 전자 공업 주식회사
서울
공공 영업팀, 과장   1995. 3.~1999. 4.
(한성 전자 공업 주식회사는 1996년 상장된 회사로 하드웨어 판매, 시스템 통합 솔루션 컨설팅 및 서비스 등을 주된 사업 영역으로 하는 회사임)
- 국방부, 교육부, 철도청, 한국 가스 공사 등 12개 중앙 부처, 지방 부처 영업 담당
- 대형 메인 프레임, 엔터프라이즈급 서버, 시스템 통합 등 중대형 하드웨어 및 시스템 솔루션 관련 영업
- 새로운 고객 발굴을 통해 재직 기간 중 서울 지하철 공사, 수자원 공사 등의 5개 새로운 고객 구축

학력 사항

학력 사항은 정규 교육 과정에 대한 기록이며, 별도 요구가 없는 경우 고등학교 졸업 이후부터의 교육 기간 및 이수 전공을 기록한다. 석사 이상의 학력인 경우 필요하다면 학위 취득 시 발표한 논문에 대한 사항도 기록하도록 한다.

■ 학력 사항에 들어가야 할 요소 : 학교명, 재학기간, 소재지, 전공, 학위, 논문 (필요한 경우), 총평점(요구될 경우) 등

■ 학교명은 공식적인 정식 명칭을 기재하도록 한다.

■ 재학 중 언어 연수, 교환 학생 등의 경험이 있는 경우 순차적으로 기재하기 보다는 별도로 분리하여 기재하도록 한다.

■ 소재지는 오해의 소지가 있으므로 반드시 기재하도록 하며, 사실대로 기재한다.

■ 논문을 기재할 때는 발표 연도, 논문 제목 등을 기재하며, 학술지 등에 발표된 경우에는 발표 연도 및 학술지 명칭을 추가한다.

작성 예

1987. 3~1994. 2	**한양대학교**	서울
	경영대학 무역학과 학사 졸업(3.74/4.5)	
1994. 3~1996. 2	**한양대학교**	서울
	일반 경영대학원 경영학과 석사 졸업(3.5/4.5)	
1990. 4~1991. 4	**State University of New York**	Buffalo, US
	경영학과 교환학생	
논문		
1996	"외국계 기업의 인재 확보 전략과 국내 기업의 채용 전략 비교 분석"	

교육 사항

정규 교육기관 이외의 사설 교육기관 및 사내 양성 교육과정 등에서 수료한 교육 사항을 기재한다. 교육 이수 기관, 기간, 교육명 등을 기재한다. 필요한 경우 교육에 대한 간단한 소개도 넣는다. 하지만 교육명만으로 누구나 알 수 있는 교육에 대해서는 굳이 부연 설명을 할 필요는 없다.

작성 예

1996. 3	신입사원 입문 교육	한성 전자
1996. 8	SPIN(영업 스킬 교육)	트레이닝 컨설팅
1997. 2	리더십 교육	능률 컨설팅
1998. 3	Win-Win협상 전략	트레이닝 컨설팅
1999. 2	MCSE 자격증 과정	종로 전산 학원

업무 능력 및 기술 사항

업무 능력 및 기술 사항에서는 자신이 보유하고 있는 모든 능력 및 기술에 대하여 일목요연하고 자세하게 기재하여야 한다. 엔지니어의 경우에는 이력서를 검토하는 사람이 정확하게 판단할 수 있도록 특별히 세분화하여 자세하게 기재할 필요가 있다.

- 포함되어야 할 사항 : 컴퓨터 기술 및 활용 능력(Computer Skills), 기술 능력(Technologies), 전문 지식(Knowledge), 언어 구사 능력(Language Skills), 보유한 자격증 등
- 컴퓨터 활용 능력을 기재할 경우 관련 엔지니어들은 O/S, Database, Tool, Language, Application 등으로 세분화하여 기재할 필요가 있다. 엔지니어가 아닌 경우에는 주로 Office 제품에 대한 활용 능력 정도를 기재한다.
- 본인이 특별히 강한 분야는 굵게 강조하는 것도 좋은 방법이다.

- 기계, 전자, 반도체 등 컴퓨터를 제외한 분야의 엔지니어들의 경우 자신이 보유하고 있는 기술 종류 및 수준에 대하여 자세하게 기재하기 바란다.
- 전문 지식은 업무 수행에 필요한 전문적인 지식을 의미한다. 자신이 보유하고 있는 전문적인 지식을 자세하게 기재하기 바란다.
- 언어 구사 능력은 외국어 구사 능력 및 커뮤니케이션 능력을 말하는 것이며, 외국어의 경우 읽기, 쓰기, 말하기 등에서 자신이 어느 정도의 수준인지 기재한다. 공인된 시험 점수가 있는 경우에는 시험 점수를 같이 기재한다.
- 자격증은 자격증명, 발행 기관, 발행 연도 등을 기재한다.

작성 예

컴퓨터 관련 기술 및 활용 능력
- OS : Windows 9x/NT, Windows XP, Inix, Linux, Sun Solaris
- Language & Tool : Visual C/C++, Visual Basic, ASO, XML, PASCAL, COBOL, Assembly, C#
- Database : Oracle, MS SQL, Sybase
- Application : Photoshop, Exchange Server, MS Office, SPSS

전문 기술 능력
- DSP, Analog Circuit Design, 반도체 장비 설계, Set top Box 설계, 통신망 설계

업무상 전문 지식
- System 설계 및 유지 보수 기술
- Network 장비(ATM, Switching, Router) 관리 및 유지 보수 기술
- 기술 제안서 작성 및 프리젠테이션 기술
- 고객 유지 및 관리 기술

와국어 능력
- 영어 : 독해(상), 작문(상), 회화(중), TOEIC : 820
- 중국어 : 독해(중), 작문(중), 회화(하)

자격증
- MCSE(Microsoft Certified System Engineer), 1996, 마이크로소프트

기타 활동 사항

전문 협회 활동, 사회 봉사 활동, 지역 사회 활동 등 회사 경력과 관계 없는 기타 활동 사항에 대한 사항을 기재하는 항목이다. 특별히 없는 경우에는 기재하지 않아도 좋으나, 최근에는 사회 봉사 및 지역 사회 활동을 중요시하는 분위기이므로 가급적 한두 개 정도는 기재하는 것이 좋다. 특히 자신의 업무 영역 분야에서의 적극적인 외부활동은 반드시 기재하도록 한다.

취미 및 관심 분야

자신이 특별히 관심 있는 분야 혹은 취미 활동 분야 등에 대해 기재하는 항목이다. 독서, 영화 감상 등 일반적인 것을 많이 기재하기보다는 색다르고 활동적인 것 몇 개를 기재하는 것이 좋다.

국문 이력서 작성 틀

작성 틀 1

I. 지원분야 및 목적

지원분야	
지원목적	

II. 기본 인적 사항

성 명	[한글 (한자)]	성 별	[성별]
주민등록번호	[주민등록번호]	병 역	[군필,미필,면제]
가 족 사 항	[간략한 가족 사항]		
주 소	[현재 거주하고 있는 주소]		
연 락 처	[집전화번호], [회사전화번호], [핸드폰번호]		
전자우편주소	[전자 우편 주소]		
웹 페 이 지	[웹 페이지 URL]		

III. 경력 및 기술 요약

- [자신의 경력 및 업무 능력, 전문 기술에 대한 요약]
- [자신의 경력 및 업무 능력, 전문 기술에 대한 요약]
- [자신의 경력 및 업무 능력, 전문 기술에 대한 요약]
- [자신의 경력 및 업무 능력, 전문 기술에 대한 요약]

IV. 학력 사항

[재학 기간]	[학교명]	[소재지]
	[학위, 전공]	
[재학 기간]	[학교명]	[소재지]
	[학위, 전공]	

[재학 기간]	[학교명]	[소재지]
	[학위, 전공]	

V. 경력 사항

[재직 기간]	[회사명]	[소재지]
[직급 및 직책], [부서]		
• [주요 업무 및 책임, 성취 업적 등 자신의 업무 및 경력에 대한 자세한 기재]		
• [주요 업무 및 책임, 성취 업적 등 자신의 업무 및 경력에 대한 자세한 기재]		
[재직 기간]	[회사명]	[소재지]
[직급 및 직책], [부서]		
• [주요 업무 및 책임, 성취 업적 등 자신의 업무 및 경력에 대한 자세한 기재]		
• [주요 업무 및 책임, 성취 업적 등 자신의 업무 및 경력에 대한 자세한 기재]		
[직급 및 직책], [부서]		
• [주요 업무 및 책임, 성취 업적 등 자신의 업무 및 경력에 대한 자세한 기재]		
• [주요 업무 및 책임, 성취 업적 등 자신의 업무 및 경력에 대한 자세한 기재]		
[재직 기간]	[회사명]	[소재지]
[직급 및 직책], [부서]		
• [주요 업무 및 책임, 성취 업적 등 자신의 업무 및 경력에 대한 자세한 기재]		
• [주요 업무 및 책임, 성취 업적 등 자신의 업무 및 경력에 대한 자세한 기재]		

VI. 교육 사항

• [교육이수연도]	[교육 과정 명]	[교육 기관]
• [교육이수연도]	[교육 과정 명]	[교육 기관]
• [교육이수연도]	[교육 과정 명]	[교육 기관]
• [교육이수연도]	[교육 과정 명]	[교육 기관]

VII. 업무 능력 및 기술 사항

컴퓨터 관련 기술 및 활용 능력

[컴퓨터 관련 기술 및 활용 능력에 대해 자세하게 기재, 엔지니어의 경우 기술 분야

별로 구분하여 자세하게 기재]

전문 기술 능력

[컴퓨터 관련 엔지니어 이외에 기타 타 분야 기술 엔지니어의 경우 자신의 전문 기술 및 능력에 대하여 기재]

업무상 전문 지식

[업무 수행 과정에 필요한 기타 전문 지식 기재]

외국어 능력

[독해, 작문, 회화 별로 상/중/하 표기, 시험 점수 있는 경우 시험 점수 표기]

자격증

[보유 자격증 명, 취득 연도, 발행 기관]

VIII. 기타 활동 사항

- [활동 기간]　　　[활동 단체 및 협회], [간단한 소개]　　　　[자격]
- [활동 기간]　　　[활동 단체 및 협회], [간단한 소개]　　　　[자격]
- [활동 기간]　　　[활동 단체 및 협회], [간단한 소개]　　　　[자격]
- [활동 기간]　　　[활동 단체 및 협회], [간단한 소개]　　　　[자격]

IX. 취미 및 관심 분야

- [취미 및 관심 분야에 대한 기재]
- [취미 및 관심 분야에 대한 기재]
- [취미 및 관심 분야에 대한 기재]

작성 틀 2

홍길동(洪 吉同), 1970. 5. 4
서울 강남구 수서동 111-111, 451-1234(집), 011-123-1234(휴대폰),
kdhong@hrforum.co.kr

지원 분야 및 목적

[지원 분야 및 지원 목적에 대하여 기재]

경력 및 기술 요약

- [자신의 경력 및 업무 능력, 전문 기술에 대한 요약]
- [자신의 경력 및 업무 능력, 전문 기술에 대한 요약]
- [자신의 경력 및 업무 능력, 전문 기술에 대한 요약]
- [자신의 경력 및 업무 능력, 전문 기술에 대한 요약]
- [자신의 경력 및 업무 능력, 전문 기술에 대한 요약]

경력 사항

[재직 기간]   [회사명]   [소재지]

[직급 및 직책], [부서]

- [주요 업무 및 책임, 성취 업적 등 자신의 경력에 대한 자세한 기재]
- [주요 업무 및 책임, 성취 업적 등 자신의 경력에 대한 자세한 기재]
- [주요 업무 및 책임, 성취 업적 등 자신의 경력에 대한 자세한 기재]

[재직 기간]   [회사명]   [소재지]

[직급 및 직책], [부서]

- [주요 업무 및 책임, 성취 업적 등 자신의 경력에 대한 자세한 기재]
- [주요 업무 및 책임, 성취 업적 등 자신의 경력에 대한 자세한 기재]

[직급 및 직책], [부서]

- [주요 업무 및 책임, 성취 업적 등 자신의 경력에 대한 자세한 기재]
- [주요 업무 및 책임, 성취 업적 등 자신의 경력에 대한 자세한 기재]

[재직 기간]　　　　　[회사명]　　　　　　　　　　　　　　[소재지]

[직급 및 직책], [부서]
- [주요 업무 및 책임, 성취 업적 등 자신의 경력에 대한 자세한 기재]
- [주요 업무 및 책임, 성취 업적 등 자신의 경력에 대한 자세한 기재]
- [주요 업무 및 책임, 성취 업적 등 자신의 경력에 대한 자세한 기재]

학력 사항

[재학 기간]　　　　　[학교명]　　　　　　　　　　　　　　[소재지]
　　　　　　　　　　[학위, 전공]
[재학 기간]　　　　　[학교명]　　　　　　　　　　　　　　[소재지]
　　　　　　　　　　[학위, 전공]
[재학 기간]　　　　　[학교명]　　　　　　　　　　　　　　[소재지]
　　　　　　　　　　[학위, 전공]

교육 사항

- [교육이수연도]　　　　[교육 과정 명]　　　　　　　　　[교육 기관]
- [교육이수연도]　　　　[교육 과정 명]　　　　　　　　　[교육 기관]
- [교육이수연도]　　　　[교육 과정 명]　　　　　　　　　[교육 기관]

컴퓨터 관련 기술 및 활용 능력

[컴퓨터 관련 기술 및 활용 능력에 대해 자세하게 기재, 엔지니어의 경우 기술 분야별로 구분하여 자세하게 기재]

전문 기술 능력

[컴퓨터 관련 엔지니어 이외에 기타 타분야 기술 엔지니어의 경우 자신의 전문 기술 및 능력에 대하여 기재]

업무상 전문 기술

[업무 수행 과정에 필요한 기타 전문 지식 기재]

외국어

[독해, 작문, 회화 구분 별로 상/중/하 표기, 시험 점수가 있는 경우 점수 표기]

자격증

[보유 자격증 명, 취득 연도, 발행 기관]

기타 활동 사항

- [활동 기간]　　　[활동 단체 및 협회], [간단한 소개]　　　[자격]
- [활동 기간]　　　[활동 단체 및 협회], [간단한 소개]　　　[자격]
- [활동 기간]　　　[활동 단체 및 협회], [간단한 소개]　　　[자격]
- [활동 기간]　　　[활동 단체 및 협회], [간단한 소개]　　　[자격]

취미 및 관심 분야

- [취미 및 관심 분야에 대한 기재]
- [취미 및 관심 분야에 대한 기재]
- [취미 및 관심 분야에 대한 기재]

자기 소개서 작성법

자기 소개서를 잘 쓰기 위한 10가지 원칙

1. 구태 의연한 형식을 탈피하라

'저는 197x년, xx에서 태어나, 온화한 아버님과 자상한 어머님…' 과 같이 구태 의연한 자기 소개서 형식은 탈피하는 것이 좋다. 이는 첫 문장부터 당신이 창조적이지 못하고 재미없는 사람이라는 것을 표현하는 것과 같다.

2. 한 장 이상을 넘기지 말라

자기 소개서는 한 장 정도가 적당하다. 그렇다고 너무 부실하거나, 불성실해 보이는 정도의 분량도 곤란하다. 10~11 포인트 정도의 글자 크기로 A4지 한 장 정도의 분량으로 작성하는 것이 가장 적당하며, 읽는 사람에게도 부담이 되지 않는다.

3. 기승전결에 따른 짜임새 있는 문장을 구성하라

자기 소개서는 내용의 전달만이 중요한 것이 아니다. 문장 구성 및 글의 전개 방식을 통해서도 그 글을 읽는 사람이 당신의 성격 및 성향을 파악한다는 것을 기억하라.

4. 자신의 장점, 강점 분야, 관심 분야 및 경력개발 계획 등을 중심으로 작성하라

당신의 이력 사항은 이력서에 충분히 기재되어 있다. 이력서에 기재한 이력 사항을 자기 소개서에 반복하지 말라. 자기 소개서는 당신의 성격, 성향, 장 · 단점, 강점 분야, 관심 분야 및 당신의 경력개발 계획에 대한 청사진을 포함해야 한다.

5. 오타 및 오기를 주의하라

이력서와 마찬가지로 오타 및 오기가 없도록 꼼꼼히 체크하라.

6. 한자어 및 고사 성어를 적절히 활용하라

전체 글에서 한두 개 정도의 적절한 한자어 및 고사 성어를 활용하는 것으로 전체 문장을 좀더 고급스럽게 만들 수 있다. 하지만 지나친 한자어의 사용은 자칫 읽는 사람으로 하여금 거부 반응을 불러일으킬 수 있으므로 주의하라. 한자를 쓸 때는 한글 옆에 괄호를 이용하여 표기하는 혼용 표기 형태를 취하라.

7. 헤드라인 및 하이라이트를 활용하라

'자기 소개서' 라는 제목 대신, 신문의 헤드라인과 같이 자신의 자기 소개서 내용 전체를 나타낼 수 있는 문구를 붙이도록 하라. 당신이 강조하고 싶은 문장을 하이라이트 처리하여 읽는 사람에게 참신한 인상을 심어주는 것도 좋은 방법이다.

8. 돌출적이거나, 지나치게 튀는 형식은 피하라

화려한 색깔의 사용, 파격적인 형식, 돌출적인 문장 등 지나치게 튀는 형식의 자기 소개서는 피해야 한다.

9. 논리적이고 합리적으로 작성하라

문장이 전체적으로 논리적이고 합리적으로 구성되도록 작성하라. 아울러 '무엇이든지 할 수 있다' 는 식의 접근 방법은 피해야 한다. 당신에 대한 객관적인 능력과 당신의 경력 목표에 부합하기 때문에 이 회사와 이 직무를 선택하려고 한다는 식의 논리적인 접근이 필요하다.

10. 지나치게 현학적인 문장을 피하라

자기 소개서는 당신이 어떤 사람인지를 소개하고 당신이 해당 회사 및 직무에 얼마나 적합한지에 대하여 쓰는 글일 뿐 절대 자신의 지식이나 철학을 자랑하는 글이 아니다. 따라서 현학적인 글은 피하기 바란다.

자기 소개서는 이력서에 포함하지 못한 자신의 전반적인 이야기를 부연하여 소개하는 글이다. 이력서가 다소 형식적인 틀에 묶여 자신을 소개하는 한계점이 있다면, 이런 부분들을 자기소개서를 통해 시원하게 보여줄 수 있을 것이다. 마치 이력서를 문장으로 풀어 쓰듯이 자기소개서를 작성하는 사람들을 종종 보게 되는데, 이는 자기소개서의 역할이나 기능을 제대로 이해하지 못한 것이다. 최근 채용 담당자들은 이력서보다 자기소개서를 더 중시하는 경향이 있다. 학력과 경력에 앞서 그 사람의 개성과 됨됨이를 측정할 수 있는 수단이기 때문이다.

자기 소개서는 크게 다음과 같은 요소들로 구성된다.

성장 배경

이름, 생년월일, 가족관계 등 이미 이력서에 포함된 부분들에 대한 소개는 불필요하다. 특히 도입부에서 자주 쓰이는 구태의연한 표현은 피하는 것이 좋다. 대신, 자신의 유·소년기, 청년기 때의 성장 배경에 대하여 간단하게 소개할 필요는 있다. 성장 배경에 대한 기술은 가족 환경, 교육 환경, 지리적 환경 등 환경적 특성, 가치관 형성 과정 등 주로 현재 자신의 개인적 특성과 관계된 부분들에 대하여 기재하는 것이 좋다. 성장 배경을 기술할 때 특히 주의할 점은 솔직 담백하게 기술해야 한다는 것이다. 가식적이거나 지나치게 미화된 기술은 피하는 것이 좋다. 굳이 드러내어 좋은 인상을 주지 못할 내용이 있다면 기재하지 않는 유연성도 필요하다.

성격, 관심 분야 등 자신의 성향에 대한 소개

자기 평가(Self Assessment)를 통해 얻어진 자신에 대한 객관적인 데이터를 바탕으로 자신의 성격, 특징 등 자신의 개인적인 특성에 대해 소개하여야 한다. 왜 자신의 성향과 특징이 지원하고자 하는 해당 분야에 잘 맞는다고 생각하는지에 대해 논리적인 결론을 내리기 위한 전제이다. 우리는 지금까지 개인의 성향이 직업을 선택하는 데에 얼마나 중요한 역할을 하는지 점검해 보았다. 당신이 지금 지원하고자 하는 회사 및 직무는 이러한 기본 조건을 바탕으로 선택한 것이다. 당신의 이러한 선택을 채용 책임자와도 공유할 필요가 있다.

전문 기술, 전문 지식 등 업무상 능력 및 경력에 대한 소개

자신이 보유한 전문 기술, 전문 지식 등 업무상 필요한 능력과 자신의 경력에 대해 소개하여야 한다. 자신의 성향에 대한 소개와 마찬가지로 지원하고자 하는 직무에 자신이 얼마나 적합한지를 보여주기 위한 부분이다. 이력서가 자신의 업무상 지식 및 경력을 단순 나열식으로 기재하는 것인 반면, 자기 소개서는 이러한 부분들이 어떻게 회사에서 찾는 인재의 자격 요건과 부합하는지에 대해 논리적인 설명을 추가하는 것이다. 결국 자기소개서는 지원하는 사람들이 자신의 경력과 업무상 지식을 바탕으로 어떻게 회사에 공헌할 수 있는지에 대해 회사를 상대로 자세하게 설명하고 설득하는 글이다.

자신의 궁극적인 경력개발 계획에 대한 소개

전술한 바와 같이 전통적인 기업과 인재와의 관계는 많이 변화되었다. 회사에 대한 무조건적인 충성과 직원에 대한 평생 고용 책임이 전통적인 가치였다면, 현대 기업에서의 기업과 직원과의 관계는 모두의 이익을 위해 서로에게 공헌하는 Win-Win의 1:1 관계이다. 현대 기업은 직원 개개인의 개인적인 경력개발 활동을 통해 회사의 이익이 극대화되길 바라며, 이를 위해서 명확한 경력개발 계획이 갖

추어진 인재를 원하고 있다. 바로 이 점이 자기 소개서에 자신의 궁극적인 경력개
발 계획을 소개해야 하는 이유이다.

지원 목표 및 목적

모든 글은 그 글을 작성하는 목표와 목적이 명확해야 한다. 이 부분은 자기 소
개서의 맺음말에 해당하는 부분이다. 자신의 성향, 업무 능력, 경력 분야 등 자신
이 가진 모든 것들이 어떻게 회사에 도움이 될 수 있으며, 자신은 해당 회사 및 직
무를 담당함으로써 어떤 목적을 달성하려 하는지에 대해 명확하고 합리적인 결론
을 내려야 한다.

☞ 부록의 210면에 자기소개서 샘플이 나와 있습니다.

성공적인 영문 이력서(Resume) 작성법

국문 이력서와 영문 이력서는 여러 가지 면에서 다르다. 이러한 차이점은 서양과 동양의 역사적 차이 및 두 문화권 기업체들의 채용 과정의 상이 때문에 생기는 것이다. 영문 이력서를 제대로 작성하려면 이러한 차이점 및 특성을 명확하게 이해할 필요가 있다. 이러한 차이점을 이해하지 못하고 작성하는 영문 이력서는 국문 이력서의 단순한 영문 번역에 불과하다. 실제로 한국 사람들이 작성하는 대부분의 영문 이력서는 단순한 국문 이력서의 번역에 불과한 실정이다. 성공적인 영문 이력서 작성을 위한 다음 기본사항을 반드시 익혀두기 바란다.

연대식 기술과 서술식 기술의 차이

한국, 일본, 중국 등 동양 문화권 이력서의 가장 큰 특징은 연대식 기술이라는 것이다. 몇년도에 출생하여, 몇년도에 학교를 졸업하였고, 어떤 회사에 몇년도에 입사하여, 몇년도에 퇴사하였고 등 자신이 살아온 전체 인생을 연대순으로 작성한다. 이러한 특성을 가장 잘 볼 수 있는 것이 우리가 예전부터 사용해오던 전형적인 이력서 양식이다. 이 이력서 양식은 자신의 전체 인생에 대한 단순한 시간대별 소개에 그치고 마는 경우가 많다. 물론 최근에는 국문 이력서의 양식이 많이 변화하였지만, 그 기본 특성은 변하지 않았다.

반면 서양 문화권의 이력서는 경력 및 지식에 대한 서술식 기술에 역점을 둔다. 이는 채용에 있어 학교, 성별, 나이 등 외면적인 모습에 많은 비중을 두는 동양의 채용 형태와는 달리, 서양 문화권에서는 채용 시에 실무경험 및 경력을 더욱 중시하기 때문이다.

경력 사항이 먼저

국문 이력서는 연대식 기술 형태를 취하므로 가장 최근의 경력이 맨 마지막으로 가게 된다. 하지만 영문 이력서에서는 가장 최근의 경력이 가장 먼저 온다. 항목상의 순서 또한 학력이나 기타 다른 사항보다 경력 사항을 앞부분에 배치해야 한다. 이는 현재 해당 지원자의 경력이 채용하고자 하는 인재상과 얼마나 잘 부합하는지가 우선시 되는 채용 형태에서는 당연한 것이다. 하지만 영문 이력서의 경우에도 학위, 전공, 연구 분야 등 학력 사항이 채용에 결정적인 역할을 한다면 학력 사항이 경력 사항보다 먼저 오는 게 당연하다. 이렇듯 이력서 형태의 차이 또한 채용 형태에 따른 합리적인 결과이므로 어떤 직무에 취업하느냐에 따라 달리 판단하고 그에 맞게 작성해야 할 것이다.

기본 인적 사항은 최소화

미국은 채용 시 기회의 평등한 부여라는 측면을 매우 중요하게 생각한다. 따라서 나이, 성별, 가족 관계, 인종, 종교 등 개인의 능력이나 실력 이외의 부분들에 대한 정보 요구는 법으로 금지되고 있다. 사람은 자신의 의사와 관계 없이 이미 주어진 부분보다는 능력과 실력으로 판단해야 한다는 것이 미국 기업과 법의 입장이다. 따라서 영문 이력서에서는 기본 인적 사항을 최소화한다. 성별, 나이, 가족 관계 등 개인의 프라이버시와 관계된 사항은 기재하지 않아도 되며, 면접 시이에 대한 질문 또한 엄격하게 금지되어 있다. 물론 한국 내에 들어와 있는 외국계 기업에 지원하는 경우, 나이 정도는 기재하는 것이 좋을 듯 하다.

추천(Reference)항목을 반드시 기재하라

미국 등 서양 문화권에서는 추천문화가 일찍부터 자리 잡아 왔다. 직원을 채용할 때도 아무런 추천서가 없는 사람보다는 지인이나, 사회적으로 공신력이 있는 사람의 추천서를 소지하고 있는 사람을 선호하는 경향이 높다. 물론 요즘처럼 한꺼번에 많은 인재들을 채용해야 하는 경우에는 단지 추천에 의지하여 사람을 채용할 수 없지만, 이러한 문화적인 특성은 아직도 영문 이력서 작성 시에 중요한 요소가 되고 있다. 영문 이력서에서 추천(Reference) 항목은 자신에 대해 객관적인 평가 및 추천을 해 줄 수 있는 사람에 대해 기재하는 항목이다. 채용 전 추천서 이외에도 이러한 항목을 기재하여 채용 결정 시 필요한 경우 타인으로부터 해당 지원자에 대한 평가를 의뢰할 수도 있다. 그러므로 영문 이력서에는 반드시 추천(Reference) 항목을 기재하도록 한다.

디자인의 차이

한글은 그 언어적, 문화적 특성 상 문서 작성 시 도표 사용을 선호한다. 잘 짜여진 도표 안에 해당 사항들을 짧게 기입하는 형태의 문서가 많으며, 국문 이력서의 디자인도 이러한 형태를 취하고 있다. 하지만 영문 이력서를 작성할 때는 도표 사용을 가급적 피하는 것이 좋다. 영어의 특성 상 특별한 경우를 제외하고는 대부분의 문서에서 도표 사용을 하지 않기 때문이다. 흔히 국문 이력서를 꾸미듯이 도표화된 영문 이력서를 자주 접하게 되는데, 이는 영미 문화권의 사람들에게는 매우 어색한 형태의 디자인이다.

영문 이력서의 구성 요소

영문 이력서(Resume)는 다음과 같은 요소로 구성되어야 한다.

Personal Information(기본 인적 사항)

개인의 기본적인 인적 사항 및 연락처에 대해 기술하는 부분이다. 영문 이력서에는 전술한 바와 같이 기본 인적 사항은 최소화하여 기재하여야 한다. 지원자는 이름, 주소, 전화 번호, 이 메일, 웹사이트에 대한 정보만 제공하면 되며 회사에서도 절대 다른 사항에 대한 정보를 요구해서는 안 된다. 하지만 한국 내에 진출한

외국계 기업에 지원할 경우 생년월일 정도는 기재하는 것이 무난하리라 생각된다.

- 상단 중앙에 자신의 이름을 쓰고, 그 밑으로 주소 및 연락처를 배치하는 형식이 가장 일반적이다. 별도로 기본 인적 사항이라는 항목을 쓰지 않도록 한다.
- 만약 전형 기간 중 주소 및 전화 번호의 변경이 예상될 경우에는 연락처 옆에 '몇 월 몇 일부터 주소 및 연락처가 변경된다' 는 부연설명을 기재하고, 휴대폰, 전자 우편 등 연락 가능한 곳을 기재한다.

작성 예

Kil Dong Hong

111-111 /Suseo-dong, Kangnam-Ku, Seoul, Korea
Office: 451-1234, Mobile: 011-111-1111, kdhong@hrforum.co.kr

Objective(지원 목적 및 목표)

자신이 지원하고자 하는 분야 및 직무 그리고 자신이 지원하는 목적에 대하여 기재하는 부분이다. 영문 이력서를 작성할 때 반드시 기재해야 하는 부분이며, Personal Information(기본 인적 사항) 바로 다음에 작성한다.

- 자신의 지원 분야 및 목적을 짧고도 명확하게 표현해야 하며, 쓸데없는 문장을 길게 늘려 쓰는 것은 피해야 한다.
- 가장 일반적으로 쓰는 방법은 지원 분야를 글자 그대로 옮겨 적는 방법과, 한 문장 안에 해당 지원 직무를 통해 자신의 경력개발 목표를 달성하겠다는 식의 서술적인 방법이 있다.

OBJECTIVE
Senior System Engineer

OBJECTIVE
To obtain an opportunity for further growth as a Bank Trust Investment Officer, with an emphasis on marketing investment products to groups and individuals.

Summary of Qualifications / Skills Summary (경력 및 기술 요약)

자신이 보유한 업무 관련 전문지식 및 기술, 경력 등 자신의 지원 목적(Objective)과 부합하는 부분들에 대하여 서류를 검토하는 사람이 쉽게 이해하고 빨리 파악하도록 정리하는 부분이다. 국문 이력서 작성 요령에서도 이미 밝혔듯이 대부분의 채용 담당자들은 경력 및 업무 능력에 대해 자세히 기술된 후반부를 보기도 전에 이 부분을 보고 계속 읽을 것인지 말 것인지를 판단하는 경향이 높다. 그만큼 잘 된 요약문을 작성하는 것이 중요하다.

- 해당 지원부분과 관련된 경력에 대해 요약하라. 작성 시 반드시 구체적인 경력 연수 등을 표기해야 한다.

- 해당 지원 부분에 요구되는 자격 요건에 맞는 자신의 업무상 지식 및 기술에 대해 요약하라.(예 : 예산 집행 및 관리, 기획 및 리포팅, 프로젝트 수행 및 관리 능력 등)

- 해당 지원 부분의 업무를 원활하고 효과적으로 수행하는 데 기여할 수 있는 자신의 능력을 적는다.(예 : 문제해결 능력, 의사 소통 능력, 시간 관리 능력 등)

- 해당 지원 부분의 업무에 적합한 자신의 성격적 특성 및 성향을 요약한다.(예 : 믿음직스러운, 스트레스 많은 근무 환경에 잘 적응하는, 창조적인, 세심한, 사고가 유연

한 등)

- 외국어에 능통하다면 그 부분에 대해 요약하라.
- 해당 직무와 직접적인 관련은 없지만, 업무를 잘 수행하기 위해 요구되는 전
  문 능력 중 자신이 보유한 것이 있으면 요약하라.(예 : 컴퓨터 능숙 등)

작성 예

OBJECTIVE
- More than 9 years of consulting, business development, sales experience in leading edge human resource industry.
- Dynamic, multilingual leader with expertise in multi-cultural environments
- Expertise in HR consulting skill for global and Korean market.
- Quick learner with ability to rapidly achieve organizational integration, assimilate job requirements and employ new methodologies. Energetic and self-motivated team player/builder. At ease in high stress environments requiring superior ability to effectively handle multi-task levels of responsibility.
- Excellent communication, interpersonal, intuitive, analysis and leadership skills. Proven ability to work efficiently in both independent and team work environments. Known for exceeding goals and objectives.
- Experienced in various corporate environments, and interfacing with multiple cross team environment. Ability to handle multiple projects of similar/dissimilar nature.

Work Experience (경력 사항)

경력 사항은 영문 이력서에 있어서 가장 핵심이 되는 중요한 부분이다. 결국 당신과의 면접을 진행할 것인지, 아니면 서류 단계에서 탈락시킬 것인지에 대한 최종 결정은 경력사항에서 이루어진다. 경력 사항을 작성하는 방법은 여러 가지

형태가 있을 수 있으나 크게 연대순 작성(Chronological Type)방법과 업무 형태별 작성(Functional Type)방법 등 두 가지 형태가 있다.

연대순 작성(Chronological Type)은 가장 보편적으로 사용하는 방법이다. 글자 그대로 가장 최근의 경력에서부터 가장 최초의 경력 순으로 기간, 회사명, 담당업무 등으로 구분하여 순차적으로 적으면 된다. 가장 일반적으로 사용하는 형태로 누구에게나 익숙하다.

업무 형태별 작성(Functional Type)은 자신의 주요 경력을 크게 몇 가지 업무군으로 구분하여 거기에 맞추어 경력 사항을 기술하는 방법이다. 주로 부장/차장급(Senior)들이나, 전문적인 직무 군에서 요구되는 이력서의 형태이다.

- Period(재직 기간), Company Name(회사명), Location(소재지), Job Title(직급 및 직위), Department(부서), Job Description and Achievement(주요 업무 및 성취 업적) 등을 기재한다.

- 성취 업적에 대해 기재할 때 가급적 숫자로 표현하여, 객관적이고 사실적으로 부각시킨다.

- Job Description(직무 내역), Major Roles & Responsibilities(주요 업무)는 구체적이고 자세하게 기재한다. 일반적인 내용을 너무 길게 늘여 쓰는 형태는 피한다.

- 수행 프로젝트가 많고, 그에 대한 기재가 서류 검토에 도움이 될 것으로 판단될 경우 별도로 프로젝트에 대한 자세한 자료를 작성하여 별첨한다. 특히 엔지니어의 경우에는 프로젝트 별첨 자료를 작성하는 것이 바람직하다.

- 직장명은 회사의 공식적인 정식 명칭을 기재한다.

- 재직 기간은 년/월까지만 표기한다.

- 한 군데 이상의 경력이 있을 경우 가장 최초의 경력부터 차례대로 적는다.

- 일반적으로 많이 알려진 회사가 아닌 경우 회사에 대한 간략한 부연 설명을 첨부한다.

■ 한 회사에서 부서 및 직무가 변경된 경우에는 기간과 부서, 직무를 별도로 표
기하여 작성한다.

작성 예 : 연대순 작성 방법(Chronological Type)

2000.1 - Present   XXXX Korea Corporatio n, Seoul, Korea
Chief Legal Counsel/Vice President (Legal Department)
- Provides legal advices for the top management regarding corporate governance and other legal and financial issues, which includes:
- Acted as lead negotiator on major M&A and investment deals, which includes:
- Plays an active management role in a strategic, collective decision-making process of the Company as a member of the Executive Committee, which includes:

1998. 6 - 2000.1 XXXXX Korea, Ltd., Seoul, Korea
Legal Counsel/Senior Manager (Contract Management Team)
- Drafted, reviewed, and negotiated turn-key supply contracts with 3 major mobile communication companies and various resellers in Korea.
- Provided legal advices for the top management in its preparation of responses to the legal claims against Company and any other general and/or special legal matter related to the management of the Company.
- Reviewed and negotiated financing agreements with 2 major mobile communication companies in Korea.
- Discussed and negotiated legal issues with major telecommunication companies regarding Year 2000 liability issue, which lead into the negotiation and execution of Y2K upgrade contracts with major telecommunication companies.
- Performed economic feasibility analysis on every new project by initiating and performing business case approval processes through risk management tool and financial analysis.

Competencies

Technical Sales

- Marketed a full line of heavy drainage and conduit products to contractors in Seoul and Pusan region.
- Experienced estimator familiar with various codes and ordinances as well as the product line.
- Accomplished user of the laptop computer for on-site demonstrations and estimates and remote order placement and field support communications via modem.

Field Engineer

- Supervision of survey and design crews in the construction of highway systems.
- Specifications engineer for the district office of a highway department with field verification responsibilities.

Manufacturing

- Design and testing of pre-cast concrete components for highway drainage systems.
- Familiar with the materials and manufacturing processes involved in producing pre-cast civil engineering components.

Employment History

November 1997 - Present : Manufacturers Representative, Norton & Associates,
Inc., Seoul. One of the three independent contractor sales representatives coordinated by the Norton agency.

April 1995 - October 1997 : Field Engineer, Korea Highway Systems, Seoul.

August 1993 - March 1995 : Staff Civil Engineer, Concrete Castings, Ltd., Seoul. Design and testing for largest manufacturer of pre-cast drainage system components in Korea.

Education (학력 사항)

학력 사항은 정규 교육과정에 대한 기록이며, 별도 요구가 없는 경우 고등학교 졸업 이후부터의 교육 기간 및 이수 전공을 기록한다. 석사 이상의 학력인 경우 필요하다면 학위 취득 시 발표한 논문에 대한 사항도 기록한다.

- 학력 사항에 들어가야 할 요소 : 학교명, 기간, 소재지, 전공, 학위, 논문(필요한 경우), 총평점(요구될 경우) 등
- 기간은 영문 이력서의 경우 통상 졸업 연도만을 기재하는 것이 일반적이나, 국내 여건에 맞춰 재학 전체 기간을 기재하는 것도 무방하다.
- 학교명은 공식적인 명칭을 기재한다.
- 재학 중 언어 연수, 교환 학생 등의 기간이 포함된 경우 순차적으로 기재하기보다는 별도로 분리하여 기재한다.
- 학교 소재지는 오해의 소지가 있으므로 반드시 기재하며, 사실대로 기재한다.
- 논문을 기재할 때는 발표 연도, 논문 제목, 저자 등을 기재하며, 학술지 등에 발표된 경우에는 발표 연도 및 기재된 학술지 명칭을 추가하도록 한다.

학위의 영문 표기

학위(Degree)	인문/정경/사회과학(Arts)	이공계(Science)
Bachelor(학사)	BA or Bachelor of Arts	BS or Bachelor of Science
Master(석사)	MA or Master of Arts	MS or Master of Science
Ph.D.(박사)	Ph.D. of Arts	Ph.D. of Science

EDUCATION

- Bachelor of Arts in Economics, University of Hanyang, 1990
- Additional graduate study toward the following degrees:
  Master of Business Administration, University of Michigan, 1995
  Master of Education Fellow, University of Minnesota, 1990-95 (Summers)

EDUCATION

Feb.1990	University of Hanyang	Seoul, Korea
	Bachelor of Arts in Economics, GPA 3.5/4.0	
Feb.1992	University of Michigan	Ann Arbor, USA
	Master of Business Administration, GPA 3.6/4.0	

Computer Skills, Technologies, Certification (컴퓨터 관련 지식 및 활용 능력, 기술, 자격증 등)

업무 능력 및 기술 사항에서는 자신이 보유하고 있는 모든 능력 및 기술에 대하여 일목요연하고 자세하게 기재하여야 한다. 특히 엔지니어의 경우에는 이력서를 검토하는 사람이 정확하게 판단할 수 있도록 세분화하여 기재할 필요가 있다.

- 포함되어야 할 사항 : 컴퓨터 기술 및 활용 능력(Computer Skills), 기술 능력(Technologies), 전문 지식(Knowledge), 언어 구사 능력(Language Skills), 보유 자격증 등

- 컴퓨터 기술 및 활용 능력을 기재할 경우 관련 엔지니어들은 O/S, Database, Tool, Language, Application 등으로 세분화하여 기재하도록 한다. 엔지니어

가 아닌 경우에는 주로 Office 제품의 활용 능력 정도를 기재하기 바란다.

■ 본인이 특히 강한 분야는 굵게 강조한다.

■ 기계, 전자, 반도체 등 컴퓨터를 제외한 분야의 엔지니어들의 경우 자신이 보유하고 있는 기술의 종류 및 수준에 대하여 자세하게 기재하기 바란다.

■ 전문 지식은 업무 수행에 필요한 전문적인 지식을 의미한다. 자신이 보유하고 있는 전문적인 지식을 자세하게 기재하기 바란다.

■ 언어 구사 능력은 외국어 구사 능력 및 커뮤니케이션 능력을 말하는 것이다. 외국어의 경우 읽기, 쓰기, 말하기 등에서 자신이 어느 정도의 수준인지 기재하며, 공인된 시험 점수가 있는 경우에는 시험 점수를 기재한다.

■ 자격증을 보유한 경우 자격증의 종류, 발행 기관, 발행 연도 등을 같이 기재한다.

작성 예

Computer Skills
OS : Windows9x/NT, Unix, Linux, AS400
Database : Oracle, MS SQL
Language & Tools : C/C++, Visual C/C++, Visual Basic, PASCAL, COBOL
Application : Exchange Server, Lotus Notes

Technologies
Digital Signal Processing, Circuit Design

Language Skills
Fluent in spoken and written English.

Certifications
MCSE(Microsoft Certified System Engineer), 1994   Microsoft

Reference (추천 및 평가자 소개)

앞서 언급한 바와 같이 서구 문화권에서는 채용에 있어서 추천문화가 오래 전부터 정착되어 왔으며, 최근에도 그 관습이 남아 있는 편이다. 따라서 영문 이력서 작성시 추천(Reference) 항목을 반드시 기재해야 한다. 기재 시에는 통상적으로 다음과 같은 두 방법 중 하나를 사용한다.

- 구체적인 이름, 소속, 직위, 연락처 등을 직접 기재하는 방식
- 요청 시 구체적인 사람에 대한 정보를 제공하겠다고 기재하는 방식

작성 예

Reference

Chul Su Kim, Vice President of Hansung Electronics
Office : 123-1234, E-mail : cskim@hrforum.co.kr

Reference

Available upon your request.

영문 이력서 작성 시 주의 사항

영문 이력서는 그 문화적, 용도적 특성 상 국문 이력서와는 다를 수밖에 없다. 그러나 서구 문화권에서 오래 산 사람들이 아닌 이상, 완벽한 영문 이력서를 작성하는 것은 매우 힘든 일이다. 그렇다 해도 지금까지 살펴본 여러 특징 및 각 사항들에 대한 이해와 지금부터 소개할 '해야 할 것'과 '하지 말아야 할 것' 등을 충분히 숙지한다면 훌륭한 영문 이력서를 작성할 수 있을 것이다. [표 6-5]를 영문 이력서 작성 계획 시 그리고 작성한 후 검토 시 체크 리스트로 활용하기 바란다.

[표 6-5] 영문 이력서 작성 시 해야 할 것과 하지 말아야 할 것

Do	Don't
당신 스스로를 이력서를 읽는 사람들에게 팔아야 하는 상품이라고 생각하라	독자들이 당신이 작성하는 많은 사항들을 충분히 검토하고 읽을 수 있는 시간적 여유가 있다고 추정하지 말라.
당신의 이력서를 믿을 만한 자료로 만들어라.	지나친 과장이나 애매 모호한 표현 등을 사용하여 독자들을 현혹하지 말라.
이력서를 검토하는 사람이 관심을 가지고 가치를 느낄 수 있는 것부터 시작하라.	이력서를 검토하는 사람을 지겹게 하지 말라.
당신이 전달하고자 하는 메시지를 전달하기에 적당한 용어만 골라 써라.	현학적이고 과장된 언어를 사용하지 말라.
적당한 여백을 살려 두라.	빈틈 없이 빽빽하게 기재하지 말라.
헤드라인, 하이라이트, 굵은 표기 등을 적당히 활용하라.	정신만 산만하게 하는 지나친 칼라의 사용이나 그래픽 디자인 등은 피하라.
전형적인 이력서 양식에 얽매이지 말고 개성있게 작성하라.	파격적이거나 지나치게 현란한 디자인은 피하라.
이메일로 이력서를 제출하는 경우 받는 사람이 분류 및 검색하기 용이한 키워드를 파일명으로 사용하라. 가급적 자신의 이름으로 하라.	암호(exkldc 등) 같거나 특색이 없는(resume 등) 파일명을 피하라.

(뒷면에 계속)

Do	Don't
특별한 경우를 제외하고는 한 장 혹은 두 장으로 이력서 분량을 제한하라.	큰 글자 크기, 지나친 공백 등으로 애써 이력서 분량을 늘리려 하지 말라.
내용의 일관성을 유지하라.	무조건 많은 내용을 리스트 형식으로 담아 내려 하지 말라.
해당 업무에 대한 지원 목적 및 목표를 정확하게 기재하라.	인생을 살아가는 철학이나, 가치관을 이력서에 담으려 하지 말라.
당신이 지원 회사 및 업무에 대해 많은 지식을 가지고 있다는 것을 보여 주라.	지원하는 직무에서 요구하지 않는 스킬이나, 지식, 관심 분야 등에 대하여 기재하지 말라.
전 직장에서 담당했던 업무에서 본인이 결정하고 책임졌던 부분에 대해 정확하게 기재하라.	자신이 실제 결정하고 책임졌던 부분보다 확대하여 자신의 업무 영역을 과장하지 말라.
성취 업적 부분은 최대한 객관적이고 사실적으로 표현해야 하며, 가능한 숫자로 기재하라.	성취 업적 부분을 부풀리거나 과장되게 기재하지 말라.
당신의 경력 및 보유 기술에 대해 명확하게 기재하라.	이력서를 검토하는 사람이 이해하지 못하거나 모호하게 생각할 수 있는 여지를 두지 말라.
철자, 문법 등에 틀린 부분이 없도록 꼼꼼히 검토하라.	작성한 지 오래된 이력서를 아무런 수정 없이 보내지 말라.

영문 이력서 작성을 위한 기타 조언

- 상단 중앙부에 'Resume' 라는 단어를 제목처럼 기재하거나, 문서를 작성한 날짜를 기입하지 말라.
- 가능하면 문서 상단 중앙부에 이름을 머리말 형식으로 넣어 모든 페이지 상단에 오게 하라.
- 문서의 페이지를 반드시 입력하라.
- 당신이 한 일이 무엇이고, 어떤 공헌을 하였는지를 애매 모호하게 표현하는 단어들, 'assisted', 'helped', 'aided', 'participated', 'involved' 등과 같은 단어는 피하도록 하라.

- 당신이 한 업무에 대해 직접적으로 표현하는 'wrote', 'presented', 'advised' 등과 같은 단어를 사용하고, 프로젝트 수행에 있어 당신의 역할을 애매 모호하게 만드는 'in conjunction with', 'in collaboration with', 'as a member of [design] team' 등과 같은 표현은 피하라.

- 당신의 성취 업적을 애매하게 할 수 있는 'responsible for', 'duties included' 등과 같은 표현은 피하라.

- 과장된 표현을 반복하거나 나열하지 말라.

- 'did', 'had', 'handled' 과 같은 소극적인 단어를 피하라.

이력서 제출 전 최종 점검해야 할 사항

- 전체적인 디자인이 잘 되어 있는가? 특히 이메일로 이력서를 보내는 경우 출력했을 때의 디자인까지 반드시 체크하기 바란다. 종이의 질감/색상(우편 제출 시), 전체 레이아웃, 글자의 크기나 스타일 등을 꼼꼼하게 체크해야 한다.

- 성취 업적 부분이 잘 표현되었는지, 지나치게 과장되지는 않았는지, 객관적이고 사실적으로 잘 표현되었는지 체크한다.

- 문법, 철자, 문맥, 문장의 느낌 등에 문제가 없는지 철저하게 체크한다. 특히 문법 상의 오류나 철자 상의 오타는 당신의 이미지를 일순간에 바꾸어 놓을 수 있으므로 철저하게 체크하기 바란다.

- 이력서는 당신을 잘 세일즈하기 위해 만드는 프리젠테이션 자료와 마찬가지다. 상대방이 요구하는 것, 당신이 전달하고자 하는 것이 적절하게 표현되었는지 체크한다.

- 마지막으로 당신의 Personal Information(기본 인적 사항)에 잘못된 부분이 없는지 체크한다.

■ 업적 및 성취도 관련 단어

Achieved	Improvised	Doubled	Troubleshot
Saved	Increased	Received	Maintained
Obtained	Decreased	Strengthened	

■ 구체적 행위 관련 단어

Acted	Searched	Built	Translated	Investigated
Organized	Published	Utilized	Uncovered	Discovered
Implemented	Observed	Fixed	Compared	Collected
Delivered	Proofread	Assembled	Learned	Introduced
Analyzed	Simplified	Financed	Talked	Fabricated
Performed	Purchased	Wrote	Catalogued	Classified

■ 영업 및 마케팅 관련 단어

Marketed	Sold	Displayed	Promoted	Categorized
Tested	Broadened	Presented	Supplied	Distributed
Expanded	Publicized	Proposed	Itemized	

■ 결단력 관련 단어

Decided	Determined	Consolidated	Ensured
Defined	Finalized	Completed	Verified

■ 기획력관련 단어

Planned	Developed	Enhanced	Generated	Diagnosed
Designed	Incorporated	Launched	Drafted	
Predicted	Devised	Founded	Started	
Altered	Invented	Created	Expressed	

■ 리더십과 관리능력 관련 단어

Ordered	Interviewed	Trained	Co-ordinated	Counseled
Hosted	Represented	Tutored	Conducted	Established
Hired	Documented	Navigated	Guided	Unified
Delegated	Initiated	Audited	Taught	Managed
Administered	Enforced	Instituted	Led	Mediated
Appraised	Arranged	Supervised	Balanced	Monitored
Advised	Coached	Recruited	Motivated	Budgeted
Adapted	Controlled	Chaired	Liaised	
Informed	Directed	Installed	Streamlined	

영문 이력서 작성 틀(Resume Templates)

영문 이력서는 상기 기술한 바와 같이 크게 세 가지 틀로 나눌 수 있다. 연대기식 형태(Chronological Resume), 연대기 및 업무 중심형 혼합 형태(Modified Chronological Resume), 업무 중심 형태(Functional Resume) 등이다. 각 형태에 따른 틀은 다음과 같다.

1. Chronological Resume Template (연대기식 형태)

> **NAME**
>
> Street Address
>
> City, Province and Postal Code
>
> Phone Number
>
> E-mail Address and/or Web Page
>
> ---
>
> **OBJECTIVE**
> - Title of position applying for or area of work
>
> **SUMMARY OF QUALIFICATIONS (or SKILLS SUMMARY)**
> - Number of years experience in relevant paid or unpaid work
> - Related special knowledge, training or certification
> - Relevant accomplishment/skill/attribute
> - Relevant accomplishment/skill/attribute
> - Relevant accomplishment/skill/attribute
>
> **WORK EXPERIENCE** (or section 2nd most related to work being sought)
> **Most Recent Job Title**
>
> Workplace, City, Province   Month/Year - Month/Year
> - An accomplishment/statement relevant to job objective, preferably detailing unique actions and benefits to organization, beginning with action verb

(뒷면에 계속)

- An accomplishment/statement relevant to job objective, preferably detailing unique actions and benefits to organization, beginning with action verb

2nd Most Recent Job Title

Workplace, City, Province   Month/Year - Month/Year

- An accomplishment/statement relevant to job objective, preferably detailing unique actions and benefits to organization, beginning with action verb
- An accomplishment/statement relevant to job objective, preferably detailing unique actions and benefits to organization, beginning with action verb
- An accomplishment/statement relevant to job objective, preferably detailing unique actions and benefits to organization, beginning with action verb

EDUCATION (or section most related to work being sought)

Candidate for (unless already graduated) Degree Name, Plan, Specialization/Option, Institution, City, Province, Date Begun - present (or year of graduation)

- Relevant Courses: 3-6 related to objective listed by course name (not number):
- Relevant Projects:
- Thesis:
- Awards (if not creating separate section):

Other Diplomas (including secondary school if in 1st year of post-secondary studies)/Certificates, listed as above with locations and dates

VOLUNTEER EXPERIENCE (unless including in Work Experience or Activities & Interests)

Title

Workplace, City, Province   Month/Year - Month/Year

- An accomplishment/statement relevant to job objective, preferably detailing unique actions and benefits to organization, beginning with action verb
- An accomplishment/statement relevant to job objective, preferably detailing unique actions and benefits to organization, beginning with action verb
- An accomplishment/statement relevant to job objective, preferably detailing

unique actions and benefits to organization, beginning with action verb

OTHER SECTIONS (e.g., Publications, Memberships)

ACTIVITIES & INTERESTS
- Most Recent Position Held, Club/Organization/Team, City, Province, Month/Year - Month/Year

    If desired, an accomplishment/statement relevant to job objective, preferably detailing unique actions and benefits to organization, beginning with action verb

- 2nd Most Recent Position Held, Club/Organization/Team, City, Province, Month/Year - Month/Year

    If desired, an accomplishment/statement relevant to job objective, preferably detailing unique actions and benefits to organization, beginning with action verb

- List of activities/hobbies separated by commas (no dates necessary)

2. Modified Chronological Resume Template
(연대기 및 업무 중심형 혼합 형태)

NAME

Street Address

City, Province and Postal Code

Phone Number

E-mail Address and/or Web Page

OBJECTIVE

- Title of position applying for or area of work

SUMMARY OF QUALIFICATIONS (or SKILLS SUMMARY)

- Number of years experience in relevant paid or unpaid work
- Related special knowledge, training or certification
- Relevant accomplishment/skill/attribute
- Relevant accomplishment/skill/attribute

XXX EXPERIENCE or SKILL (heading reflecting type(s) of work that will be described, relevant to objective)

Job Title

Workplace, City, Province   Month/Year - Month/Year

- An accomplishment/statement relevant to job objective, preferably detailing unique actions and benefits to organization, beginning with action verb
- An accomplishment/statement relevant to job objective, preferably detailing unique actions and benefits to organization, beginning with action verb

Most Recent Job Title

Workplace, City, Province   Month/Year - Month/Year

- An accomplishment/statement relevant to job objective, preferably detailing unique actions and benefits to organization, beginning with action verb
- An accomplishment/statement relevant to job objective, preferably detailing unique actions and benefits to organization, beginning with action verb

- An accomplishment/statement relevant to job objective, preferably detailing unique actions and benefits to organization, beginning with action verb

2nd Most Recent Job Title

Workplace, City, Province   Month/Year - Month/Year
- An accomplishment/statement relevant to job objective, preferably detailing unique actions and benefits to organization, beginning with action verb
- An accomplishment/statement relevant to job objective, preferably detailing unique actions and benefits to organization, beginning with action verb
- An accomplishment/statement relevant to job objective, preferably detailing unique actions and benefits to organization, beginning with action verb

EDUCATION (or section most related to work being sought)

Candidate for (unless already graduated) Degree Name, Plan, Specialization/Option, Institution, City, Province, Date Begun - present (or year of graduation)
- Relevant Courses: 3-6 related to objective listed by course name (not number):
- Relevant Projects:
- Thesis:
- Awards (if not creating separate section):

Other Diplomas (including secondary school if in 1st year of post-secondary studies)/Certificates, listed as above with locations and dates

VOLUNTEER EXPERIENCE (unless including in XXX Experience or Activities & Interests)

Title

Workplace, City, Province   Month/Year - Month/Year
- An accomplishment/statement relevant to job objective, preferably detailing unique actions and benefits to organization, beginning with action verb
- An accomplishment/statement relevant to job objective, preferably detailing unique actions and benefits to organization, beginning with action verb

(뒷면에 계속)

OTHER SECTIONS (e.g., Publications, Memberships)

ACTIVITIES & INTERESTS
- Most Recent Position Held, Club/Organization/Team, City, Province, Month/Year - Month/Year
  If desired, an accomplishment/statement relevant to job objective, preferably detailing unique actions and benefits to organization, beginning with action verb
- 2nd Most Recent Position Held, Club/Organization/Team, City, Province, Month/Year - Month/Year
  If desired, an accomplishment/statement relevant to job objective, preferably detailing unique actions and benefits to organization, beginning with action verb
- List of activities/hobbies separated by commas (no dates necessary)

3. Functional Resume Template (업무 중심 형태)

NAME
Street Address
City, Province and Postal Code
Phone Number
E-mail Address and/or Web Page

OBJECTIVE
- Title of position applying for or area of work

SUMMARY OF QUALIFICATIONS (or SKILLS SUMMARY)
- Number of years experience in relevant paid or unpaid work
- Related special knowledge, training or certification
- Relevant accomplishment/skill/attribute
- Relevant accomplishment/skill/attribute
- Relevant accomplishment/skill/attribute

XXX EXPERIENCE or SKILL (heading reflecting type(s) of work that will be described, relevant to job objective)

- An accomplishment/statement relevant to job objective, preferably detailing unique actions and benefits, beginning with action verb, taken from paid or unpaid work/academic or life experience
- An accomplishment/statement relevant to job objective, preferably detailing unique actions and benefits, beginning with action verb, taken from paid or unpaid work/academic or life experience
- An accomplishment/statement relevant to job objective, preferably detailing unique actions and benefits, beginning with action verb, taken from paid or unpaid work/academic or life experience
- An accomplishment/statement relevant to job objective, preferably detailing unique actions and benefits, beginning with action verb, taken from paid or unpaid work/academic or life experience

(뒷면에 계속)

- An accomplishment/statement relevant to job objective, preferably detailing unique actions and benefits, beginning with action verb, taken from paid or unpaid work/academic or life experience
- An accomplishment/statement relevant to job objective, preferably detailing unique actions and benefits, beginning with action verb, taken from paid or unpaid work/academic or life experience

WORK HISTORY

Most Recent Title	Workplace, City, Province Month/Year - Month/Year
2nd Most Recent Title(Volunteer)	Workplace, City, Province Month/Year - Month/Year
3rd Most Recent Title(Part-time)	Workplace, City, Province Month/Year - Month/Year
4th Most Recent Title	Workplace, City, Province Month/Year - Month/Year

EDUCATION (or section most related to work being sought)

Candidate for (unless already graduated) Degree Name, Plan, Specialization/Option, Institution, City, Province, Date Begun - present (or year of graduation)

- Relevant Courses: 3-6 related to objective listed by course name (not number):
- Relevant Projects:
- Thesis:
- Awards (if not creating separate section):

Other Diplomas (including secondary school if in 1st year of post-secondary studies)/Certificates, listed as above with locations and dates

OTHER SECTIONS (e.g., Publications, Memberships)

ACTIVITIES & INTERESTS

- Most Recent Position Held, Club/Organization/Team, City, Province,

 취업 준비생을 위한 스마트 경력관리

Month/Year - Month/Year

   If desired, an accomplishment/statement relevant to job objective, preferably detailing unique actions and benefits to organization, beginning with action verb

• 2nd Most Recent Position Held, Club/Organization/Team, City, Province, Month/Year - Month/Year

   If desired, an accomplishment/statement relevant to job objective, preferably detailing unique actions and benefits to organization, beginning with action verb

• List of activities/hobbies separated by commas (no dates necessary)

☞ 부록의 188면에 영문이력서 샘플이 나와 있습니다.

커버 레터(Cover Letter) 작성법

커버 레터(Cover Letter)는 영문 이력서와 함께 지원하고자 하는 회사에 제출하는 또 하나의 양식이다. 국문 이력서에 자기 소개서가 첨부된다면 영문 이력서에는 커버 레터가 첨부된다고 보면 된다. 하지만 절대 혼동하지 말아야 할 것은 커버 레터는 자기 소개서가 아니라는 점이다. 많은 사람들이 커버 레터를 자기 소개서쯤으로 생각하고 작성하는 경우를 보게 되는데, 이는 잘못된 것이다. 올바른 커버 레터 작성법을 소개한다.

커버 레터 작성 전략

커버 레터는 읽는 사람이 얼마나 명료하게 지원자가 전하고자 하는 바를 읽을 수 있으며, 얼마나 좋은 인상을 받을 수 있느냐가 관건이다. 앞서 몇 번 강조한 것처럼 회사의 채용 담당자들은 당신의 이력서 이외에 너무나 많은 이력서, 특히 자격 요건이 미달이거나, 엉망으로 작성된 이력서들에 쌓여 상당한 스트레스를 받는다. 이러한 상황에서 당신의 이력서를 처음 받아 드는 채용 담당자는 당신의 커버 레터에서 하이라이트 된 부분이나 이력서의 첫 번째 요약 부분(Summary) 정도만 읽을 것이다. 바로 이 순간에 당신의 커버 레터와 이력서가 채용 담당자에게 얼마나 강한 인상을 남길 수 있는지가 매우 중요하다. 이런 점을 염두하여 커버레터를 작성해야 한다.

커버 레터에 포함되는 사항들은 간단한 자기 소개, 업무 기술 및 전문 지식, 경력 사항, 성취 업적, 지원 분야 및 목적 등이다. 우선 정식 커버 레터 작성에 앞서 상기 사항들을 중심으로 커버 레터에 포함할 사항들을 초안 형식으로 열거해 보라. 그런 후 나열된 사항들을 커버 레터 형식에 맞게 잘 조합하라. 마지막으로 조합된 초안을 바탕으로 커버 레터 형식에 맞게 문장화, 구조화하라. 특히 자신이 보유한 자격 사항 중에서 해당 회사에서 요구하는 '자격 요건'에 맞는 부분들을 하이라이트처리하라. 앞서 제시한 영문 이력서에 자주 사용되는 동사(Action Verbs)들을 이용하여 작성하되, 가급적 이력서에서 사용했던 단어를 다시 사용하는 것은 피하라. 아울러 부정적인 단어(Negative words)나 부정적인 생각을 들게 하는 단어들은 피하는 것이 좋을 것이다. 특히 'Although' 나 'However' 등과 같은 접속사는 반드시 피하기 바란다. 이러한 접속사가 포함된 문장들은 결국 부정적인 문구를 수반하기 때문이다.

기타 커버 레터 작성 시 주의할 점은 다음곽 같다.

1. 커버 레터(Cover Letter)에 들어갈 내용에 대한 정보 수집

■ 자격 요건 및 담당업무를 철저하게 검토하고, 중요한 부분에 밑줄을 긋거나 하이라이트 처리하라

■ 지원 회사 및 직무에 대해 여러 가지 경로(인터넷, 회사 소개 자료, 관련 분야 종사자 등)를 통해 정보를 수집하라.

■ 수집된 정보를 노트에 기록하라.

2. 강점 분야에 대해 브레인스토밍하라

■ 당신의 자격 요건에 대해 무작위로 노트에 적어 보라.

■ 다른 지원자들과 차별되는 특징이 무엇인지 생각해 보라.

■ 다른 지원자들에 우선하여 채용 담당자가 당신을 선택해야 할 분명한 이유가 있는지 생각해 보라.

■ 당신의 학력 사항, 업무 능력 및 기술, 전문 지식, 경력 사항, 개인적 성향, 태도, 성취 업적, 가능성 등에 대해 깊이 생각해 보라.

[Name]
[Address]
[Telephone Number]

Dear Mr./Ms. [Last Name] :

First Paragraph

- Name job applying to and where saw/heard advertisement
- Statement(s) summing up the benefits you bring to the employer
- State what interests you in the organization and position

Middle Paragraph

- Underline action verbs and circle aspects or components in the job description to enable you to organize ideas
- Match the employer' s words
- Document your qualifications by themes and prove points by using examples
- Organize paragraphs putting the most important ones first

Final Paragraph

- Refer to your enclosed resume
- Mention you would like an interview to provide more information
- Include your phone number with best times to reach you, and your e-mail address.

Sincerely or Best Regards

[Your Name]   [Signature]

3. 문장을 만들라

■ 주제별로 당신이 말하고자 하는 사항을 분류하라.

■ 자격 요건 및 담당업무를 참조하여 당신이 작성한 사항들을 다시 한 번 분석
하고, 그 중 가장 적절한 부분을 바탕으로 문장을 만들라.

4. 마무리 하기

■ 전체적인 디자인, 문자 폰트 등을 꼼꼼히 점검하라.

■ 오타 및 오기가 없는지 철저히 검토하라.

■ 제출하기 전에 마지막으로 프린트해 보라.

작성 예

Wilson W. Woodruff
399 Calumet Avenue, Apartment 130
Washington, DC 20017

January 22, 1999
Carson A. Howard
Head, Trust Investment Division
Holiday National Bank & Trust Company
892 Brickyard Parkway
Williamsburg, VA 24891

Dear Mr. Howard

I am responding to your announcement in the January 21, 1999 edition of The Washington Post in which you sought applications for the position of Corporate Trust Investment Officer. Please consider this letter and the accompanying resume to be my application for that position.

As my resume relates in more detail, I have five years of successful corporate trust

---

(뒷면에 계속)

experience in the $750 mullion dollar department of Jones Bank & Trust in Washington. Our institutions serve a similar middle market clientele and I believe my contributions to your corporate calling effort in the Washington market could be quite attractive. Last year I increased funds under management by 43 percent and am well on the way to substantially increasing that performance this year.

John Samuels of your institution and I attended evening classes together while pursuing our MBAs. I Have discussed the position with him and he has agreed to respond to any questions that you might have concerning my personal or professional qualities. I would welcome your discreet inquires anywhere in the industry, but ask that you not contact my present employer until I am considered to be a serious candidate. At that point, I would make the appropriate announcement of my interest in your opportunity.

My tenure at Jones has been very positive and my goal in seeking this change is to achieve professional growth not available to me there. I hope that it will be possible for us to discuss our mutual interests personally in the near future. I will be in your area the week of February 7-10 and would be glad to stop by, if you would find that convenient. Please feel free to call me at the office or my residence if further information would be helpful.

Sincerely,

Wilson W. Woodruff

면접에서 성공하기

나 자신에 대해 파악하라

면접자에게 좋은 인상을 심어 주기 위해서는 우선 자신이 회사 측에 제공할 수 있는 가치가 무엇인지 잘 전달해야 한다. 지원하고자 하는 조직과 직무에 당신이 가지고 있는 자산을 유효 적절하게 연결짓기 위해서 당신은 우선 스스로에 대해 잘 알고 있어야 한다. 작성해 놓은 자신에 대한 평가서와 자신의 이력서를 다시 한 번 잘 살펴 보라. 그런 후 면접하는 회사 및 직무에 정확하게 일치하는 능력 및 강점 부분들을 취합하고, 구체화하라. 단순히 현재 보유한 경력이나 업무 수준에 맞는 부분에만 머무르지 말고, 향후 발전 방향 및 개발 계획에 대해서도 답변을 준비하라. 아울러 당신의 단점, 업무상 실수 및 실패 경험 등에 대해서도 질문을 받을 수 있으므로 그에 대한 답변과 그 과정에서 무엇을 배웠고, 똑같은 실수 및 실패를 하지 않기 위해 어떤 부분을 노력했는지에 대한 대답도 준비해 두어라.

회사 및 조직에 대해 조사하라

면접의 과정에서 가장 중요한 것은 당신이 왜 그 회사와 그 직무에 적합한지, 그리고 어떻게 당신이 그 회사를 위해 공헌할 수 있는지를 보여주는 것이다. 이를 위해서 회사 및 조직, 해당 직무에 대해 정확하고, 자세한 정보를 수집할 필요가 있다. 앞 장에서 수집하고 준비한 회사 및 조직, 그리고 해당 직무에 대한 정보를 참고하라. 회사 및 조직에 대한 정보 수집이 끝났다면, 당신이 면접을 보게 될 면접관에 대한 정보를 수집하라. 면접관의 이름, 직책 및 직위, 부서, 당신이 입사하게 된다면 당신과의 관계 등 얻어낼 수 있는 최대한의 정보를 수집하기 바란다. 면접관에 대한 사전 정보를 알아내는 것은 회사 및 조직에 대한 정보 수집과 함께 성공적인 면접을 위한 매우 중요한 과정이다.

면접 당일 준비 사항

- 복장은 반드시 정장을 착용하되, 가급적 회사의 분위기나 직무 스타일에 맞는 의상을 선택하는 센스가 필요하다. 만약 정확한 의상 선택이 힘든 상황이면, 가급적 보수적인 복장을 선택한다. 단, 사전에 채용 담당자 및 면접관의 양해를 통해 굳이 정장 면접이 필요하지 않은 회사 및 직무의 경우에는 정장을 착용할 필요는 없다. 그러나 너무 현란하거나 자유로운 복장보다는 캐주얼 정장을 착용하기 바란다.
- 구두, 핸드백(가방), 손톱 손질, 최소한의 액세서리 등 아주 사소한 부분까지 신경을 써서 준비하고 점검하기 바란다.
- 담배를 피우는 사람의 경우 면접 직전 및 면접 시간 동안은 담배를 피우지 말기 바라며, 입에서 냄새가 나는 것이 우려되는 경우 구강 소취제를 이용하는

것이 좋을 것이다.

- 면접 직전에는 흘리기 쉽거나, 냄새가 나기 쉬운 음식물의 섭취를 삼가는 것이 좋다.

- 적당한 향수의 사용은 권장하나 지나치게 자극적인 향수의 과다한 사용은 금물이다.

회사의 평가 기준을 알라

면접 시 어떠한 부분들을 평가하고 어떠한 부분들을 중요시 하는지에 대해 알고 있는 것은 매우 중요하다. 일반적으로 채용을 위한 면접에서 회사의 평가 기준은 크게 인성 부분과 기술 부분으로 나뉘어진다.

인성 부분

- 성향 및 특성(Personality and Character) 지원자의 성향이나 특성이 회사의 조직 문화 및 직무에서 요구하는 개인적인 특성과 얼마나 잘 부합하는지를 평가하는 부분이다. 이는 직무 만족도가 높은 사람을 직원으로 채용하기 위한 필수적인 요소이다. 산업별, 직무별로 요구되는 성향 및 특성은 각각 다를 수 있으므로 사전에 이에 대한 충분한 생각과 준비가 필요하다.

- 태도(Attitude) 일반적인 태도에 대한 부분이다. 업무나 상황에 따른 당사자의 태도는 결과와 매우 밀접한 관계가 있다. 부정적이고 소극적인 태도보다는 긍정적이고 능동적인 태도를 취하는 것이 좋을 것이다.

- 관심 분야(Interests) 지원하는 회사 및 직무에 어느 정도나 관심을 가지고 있는지, 그리고 본인이 평상시 가지고 있는 관심 분야와 얼마나 부합되는지에 대해 평가하는 부분이다. 개인적인 관심 분야와 지원하는 분야에 대한 관심

정도가 업무 실적 및 향후 경력개발을 위해 중요하다는 사실은 잘 알고 있을 것이다.

- **적극성(Aggressiveness)** 일반적으로 일을 얼마나 적극적으로 처리하는 성향인지, 해당 직무를 얼마나 열성적으로 하고 싶어 하는지에 대해 평가하는 부분이다. 하지만 본인의 적극성을 보여줄 때에도 매우 신중하고 조심스러울 필요가 있다. 지나친 적극성의 표현은 자칫 부작용을 낳을 수도 있다. 특히 합리적인 접근 방식이 배제된 '무슨 일이든 시켜만 달라' 와 같이 막무가내식 접근 방법은 피해야 한다.

기술 부분

- **핵심 역량(Competencies)** 핵심 역량은 일찍이 미국의 기업체에서 발전된 평가 모델이며, 최근에는 국내 대기업에서도 핵심 역량 모델을 도입하여 채용 및 교육에 활용하고 있는 사례가 늘어나고 있다. 핵심 역량은 일반적인 업무 능력 및 지식과는 조금 다르다. 업무 능력 및 지식이 교육을 통해서나 실제 업무를 수행하면서 취득하게 된 실질적인 기능이라면, 핵심 역량은 자신의 성향 및 특성에 바탕을 둔 업무 수행 능력이라고 할 수 있다. 회사마다 요구하는 핵심 역량 모델은 서로 다르며, 회사의 전체적인 핵심 역량 모델과 특정 직무에서 요구되는 핵심 역량도 서로 다르다. 일반적으로 회사의 발전을 위해 필요한 전체 핵심 역량 모델을 결정한 후 그 중에서 특히 어떤 직무에 더 필요한 핵심 역량은 무엇인가를 알아내어 핵심 역량 모델을 구축한다.

  핵심 역량으로 많이 사용되는 부분들은 지적 능력(Smartness), 적극성(Aggressiveness), 팀원으로서의 조화성(Teamwork Player), 개인적인 우수성(Individual Excellency) 등이다. 회사가 속한 산업 분야, 회사의 역사 및 조직 문화, 직무의 특수성 등을 충분히 검토한 후 요구 가능성이 높은 핵심 역량 부분을 정리해 보기 바란다.

- **업무 수행 능력**(Working Knowledge)　업무를 수행하는 데 있어 요구되는 능력 및 기술에 대한 부분이다. 회사에서 제공한 자격 요건을 통해 어떤 부분들이 필요한지 충분히 파악할 수 있으며, 이를 바탕으로 본인이 보유한 부분들을 잘 정리하면 된다.

- **전문 기술**(Technologies and Skills)　업무 수행을 위해 필요한 구체적인 기술 부분이다. 컴퓨터 관련 기술, 외국어 기술 등이 이에 해당되며 이 또한 사전에 회사에서 어떤 기술을 어느 정도 요구하는지에 관한 정보가 제공되므로 이를 바탕으로 준비하면 될 것이다.

- **경력**(Experience)　주 경력의 산업 분야, 회사 분야, 주요 제품 및 서비스 분야, 담당 직무 분야 등 회사에서 요구하는 경력 부분에 얼마나 잘 부합하는지에 대해 체크하는 단계이다. 회사 입장에서는 가능하면 비슷한 산업 분야 및 제품 분야에서 동일한 업무를 수행했던 경력을 선호한다.

면접의 주요 구성

시작 단계

면접을 처음 시작하는 단계이다. 이 시간은 크게 3~5분 정도 소요되며, 면접자의 긴장을 풀어주기 위해 적당한 농담과 신변 잡기에 대한 이야기 그리고 회사, 조직, 지원 직무에 대한 간단한 설명을 해 주는 시간이다. 면접관의 입장에서는 면접받는 사람의 긴장을 풀어 주고, 자신의 회사 및 직무에 대한 설명을 해 줄 목적으로 갖는 시간이지만, 이러한 때조차도 면접관들은 면접자를 평가하고 있다는 사실을 잊지 말아야 한다. 지나치게 긴장했다면 어느 정도 긴장을 푸는 것이 좋지만, 상대방이 긴장을 풀어준다고 하여, 지나치게 경박하고 가벼운 행동이나 말을 하는 것은 곤란하다. 오히려 이런 시간을 통해 적극적이고 능동적인 태도를 보여

준다면 좋은 인상을 남길 수 있을 것이다.

질문

본격적인 질문의 시간이다. 질문의 내용들은 앞에서 언급한 사항들을 체크하기 위한 것들이다. 각 회사들마다, 면접을 보는 사람들마다 약간의 차이가 있을 수 있으나 대부분 다음과 같은 질문들로 구성된다.

- 자기 소개를 해 보세요.
- 가족 관계는 어떻게 됩니까?
- 자신의 성격의 장점과 단점을 말해 보세요.
- 우리 회사에 대해서 어느 정도 알고 있는지, 알고 있으면 어떤 회사라고 생각하는지 한 번 말해 보세요.
- 지원한 직무에 대해서 어느 정도 알고 있는지 말해 보세요.
- 왜 우리 회사에 지원을 하게 되었습니까?
- 현재 다니고 있는 회사에서는 왜 나오려 합니까?
- 자신의 경력개발 계획에 대해서 단기, 중기, 장기로 한 번 말해 보세요.
- 본인의 비전은 무엇입니까?
- 본인의 관심 분야에 대해서 말해 보세요.
- 현재 하고 있는 업무에 대해 설명해 보세요.
- 지금까지의 업무 성과나 전체 경력이 성공적이라고 생각한다면 그 이유를 말해 보세요.
- 매니저의 역할을 수행하고 있다면 아래에 몇 사람이나 관리하고 있는지, 어떻게 관리하고 있는지 말해 보세요.
- 매니저로서 부하 직원을 관리하는 데 있어 가장 필요한 덕목은 무엇이라고 생각하나요?

■ 실적이 나쁘거나 지시에 잘 따르지 않는 부하 직원이 있다면 어떻게 문제를 풀어나가나요?

■ 지금까지 업무를 수행하면서 본인 스스로 실패했다고 생각하는 경우를 한 가지만 말해 보세요. 또 왜 실패했는지, 어떻게 문제를 해결했는지, 그 과정에서 무엇을 배웠는지, 다시 실패하지 않기 위해서 어떻게 하고 있는지 등에 대해 말해 보세요.

■ 동료 혹은 상사와 의견 충돌이 있을 때 어떻게 해결하나요?

■ 팀워크와 개인적인 능력 중 어떤 것이 더 중요하며 어떤 것이 우선시 되어야 한다고 생각하나요?

■ 이 직무를 수행하기 위해 필요한 업무 능력에는 어떤 것이 있다고 생각하며, 그 능력을 본인이 어느 정도 보유하고 있다고 생각하나요?

■ 업무 수행에 필요한 지식이나 기술 등을 향상시키기 위해서 어떤 노력을 하고 있나요?

■ 만약 우리 회사에 입사해서 이 업무를 맡게 된다면 가장 먼저 무엇을 해야 한다고 생각하십니까?

■ 성공적인 조직 생활과 개인의 경력개발을 위해 가장 중요하다고 생각하는 것은 무엇입니까?

■ 일과 가정 생활 중 어떤 것이 더 중요하다고 생각하는지, 만약 둘 중 하나를 선택해야 하는 상황이라면 어떻게 대처할 것인지 말씀해 보세요.

■ 업무로 인한 스트레스를 어떻게 관리하고 있습니까?

■ 회사의 이익과 당신의 개인적인 가치관 사이에서 갈등이 생긴다면 어떻게 하실 겁니까?

■ 당신의 의견에 동의하지 않는 사람들을 설득하기 위해 어떻게 하십니까?

■ 우리 회사에 입사하게 되면 당신이 얻을 수 있는 장 · 단점이 무엇이라고 생각하십니까?

■ 회사를 선택할 때 당신이 가장 중요하게 생각하는 것은 무엇입니까?

■ 현재 당신의 매니저는 어떤 성격의 소유자인지 말씀해 보세요.

■ 우리 회사에서 이 직무를 성공적으로 수행하는 데 어떤 성격 및 성향의 사람이 가장 적합할 것이라고 생각합니까?

■ 우리가 다른 지원자들을 탈락시키고 당신을 합격시켜야 하는 이유가 뭐라고 생각하십니까?

■ 대학원 진학 등 학업에 대한 계획이 있습니까?

영어면접시 자주 나오는 질문은 다음과 같다.

■ **Describe your educational background.**

(학력에 대해 말해 보세요.)

■ **What plans do you have to continue your education?**

(앞으로 학업을 계속할 계획이 있나요?)

■ **Did you take any correspondence courses? What were they?**

(통신교육을 이수한 적이 있나요? 있다면 구체적으로 이야기해 보세요.)

■ **Why did you attend __________ University (College or School)?**

(왜 ○○○대학교에 입학했나요?)

■ **Why did you major in __________?**

(왜 ○○○를 전공했나요?)

■ **What was your grade point average?**

(평균 학점이 어느 정도 되나요?)

■ **What subjects did you enjoy the most? The least? Why?**

(제일 좋아했던 과목과 제일 싫어했던 과목은 어떤 것이었나요?)

■ **What leadership positions did you hold?**

(리더가 되어 본 적이 있나요?)

■ How did you finance your education?

(학비는 어떻게 해결했나요?)

■ If you started all over, what would you change about your education?

(다시 공부를 시작한다면, 어떤 공부를 하고 싶나요?)

■ Why were your grades so low? So high?

(학점이 왜 이렇게 낮나요? 혹은 높나요?)

■ Did you do the best you could in school? If not, why not?

(학교생활에 최선을 다 했나요? 그러지 않았다면 이유는 뭔가요?)

■ What skills do you hope to acquire through education during the next five
 years? (향후 5년간 특별히 습득하고 싶은 기술이 있나요?)

■ How many different jobs have you held?

(얼마나 다양한 일을 했나요?)

■ What were your major achievements in each of your past jobs?

(과거 했던 일들 중 주요한 업적은 무엇입니까?)

■ How does your military experience relate to this job?

(당신의 군경험이 이 일과 어떤 연관이 있나요?)

■ What is your typical workday like?

(평상시 회사에서의 하루 일과가 어떻게 되는지 말해 보세요.)

■ What functions do you enjoy doing the most?

(어떤 직무를 하는 것을 가장 즐기나요?)

■ What did you like about your boss? Dislike?

(현재 상사의 어떤 면을 좋아하고, 어떤 면을 싫어합니까?)

■ Which job did you enjoy the most/the least? Why?

(가장 좋아하는 일은 어떤 것이고, 가장 싫어하는 일은 어떤 것인가요? 그 이유는
뭔가요?)

■ Have you ever been fired? Why?

(해고당한 적이 있나요? 그 이유는 무엇이었나요?)

■ Why do you want to join our organization?

(왜 우리 회사에 입사하고 싶어 합니까?)

■ Why do you think you are qualified for this position?

(이 자리에 당신이 적합하다고 생각하는 이유는 무엇입니까?)

■ Why are you looking for another job?

(왜 다른 일을 찾고 있습니까?)

■ Why do you want to make a career change?

(왜 전직을 하려고 합니까?)

■ What ideally would you like to do?

(가장 하고 싶은 일은 무엇입니까?)

■ Why should we hire you?

(왜 우리가 당신을 고용해야 하는지 그 이유를 말해 보세요.)

■ How would you improve our operations?

(당신이 우리의 사업을 얼마나 발전시킬 수 있다고 생각하십니까?)

■ What do you want to be doing five years from now?

(5년 후에 무엇을 하고 있을 거라 생각하나요?)

■ How much do you want to be making five years from now?

(향후 5년 동안 돈을 얼마나 벌 거라 생각하나요?)

■ What are your short-range and long-range career goals?

(단기간 · 장기간의 경력 목표는 무엇입니까?)

■ If you could choose a job and organization, where would you go?

(회사와 일 중에서 어느 것이 더 중요하다고 생각하나요?)

■ What other jobs and companies are you considering?

(혹시 다른 직무와 다른 회사 등을 염두해 두고 있는 곳이 있나요?)

- **When will you be ready to begin work?**

  (언제부터 근무가 가능한가요?)

- **How do you feel about relocating? Traveling? Working overtime?**

  (부서이동, 출장, 야근 등에 대해 어떻게 생각하나요?)

- **What attracted you to our organization?**

  (우리 회사의 어떤 점이 마음이 드나요?)

- **Tell me about yourself.**

  (자신을 소개해 보세요.)

- **What are your major weaknesses? Your major strengths?**

  (자신의 장점과 단점을 이야기해 보세요.)

- **What do you do in your spare time? Any hobbies?**

  (여가시간에는 주로 무엇을 하나요? 취미가 뭔가요?)

- **What types of books do you read?**

  (어떤 책을 주로 읽습니까?)

- **What role does your family play in your career?**

  (당신의 경력에 가족들은 어떤 영향을 주었나요?)

- **How well do you work under pressure? In meeting deadlines?**

  (스트레스가 많은 상황에서 얼마나 잘 견디나요? 마감시간 같은 것을 잘 지키나요?)

- **Tell me about your management philosophy.**

  (당신의 경영 철학을 말해 주세요.)

- **How much initiative do you take?**

  (당신은 얼마나 솔선수범하는 편입니까?)

- **What types of people do you prefer working with?**

  (어떤 사람들과 함께 일하는 것을 좋아하나요?)

■ If you could change your life, what would you do differently?

(당신의 인생을 처음부터 다시 바꿀 수 있다면, 어떻게 살고 싶습니까?)

마무리

면접을 마무리하는 단계이다. 지원자의 질문을 유도하고, 현재 어느 정도의 연봉을 받고 있는지, 만약 입사하게 된다면 언제부터 근무가 가능한지 등을 물어보고, 향후 일정에 대해 설명해 준다. 마무리는 시작만큼이나 중요하다. 끝까지 적당한 긴장을 유지할 필요가 있다. 아울러 면접관이 질문을 유도할 때 가능하면 한두 가지 정도의 적절한 질문을 하는 것이 좋다. 아무런 질문을 하지 않는 것은 자칫 수동적인 자세로 비쳐지기 쉽다. 회사 및 직무에 대해 면접자가 물어볼 수 있는 질문으로 가장 일반적이고 무난한 질문들은 다음과 같다.

■ 만약 귀사에 입사를 하게 된다면, 빠른 시간 내에 해당 직무를 완벽하게 수행하기 위해 어떤 것을 준비해야 할까요?

■ 업무를 성공적으로 수행하기 위해 제가 가질 수 있는 교육의 기회는 어떤 것들이 있습니까?

■ 동종 업계의 타 회사들과 구별되는 조직 문화나 가치관이 있다면 어떤 것들이 있는지 말씀해 주십시오.

■ 해당 직무를 수행하는 데 제게 부족한 점이 있다면 어떤 것들이 있는지 충고해 주시면 감사하겠습니다.

■ 회사의 비전에 대해 좀더 자세히 설명해 주시겠습니까?

■ 이 직무를 수행하는 담당자의 전형적인 하루 일과에 대해 설명해 주시겠습니까?

■ 이 직무를 수행하는 데 있어 제가 어느 정도의 책임과 권한을 가질 수 있습니까?

- 이 직무를 수행하는 사람의 일반적인 경력 진로 과정(Career Path)을 설명해 주시겠습니까?
- 어떤 기준으로 직원을 평가하고 승진을 결정하나요?
- 승진 체계 및 승진 연한에 대해 설명해 주시겠습니까?
- 회사의 경영 스타일이나 근무 환경에 대해 설명해 주시겠습니까?

문제 해결 방법에 대한 질문과 답변

면접관들은 회사 내에서 발생할 수 있는 많은 문제들에 대한 대처능력을 반드시 알아보고자 한다. 이러한 질문을 하는 이유는 문제가 발생했을 때 얼마나 논리적이고 합리적으로 대처해 나가는 유형인지를 판단하기 위해서이다. 이런 질문들의 예를 들면 다음과 같다.

- 마케팅 담당자들은 제품을 시장에 프로모션하기 위한 3가지 전략에 대해 애기해 보라는 질문을 받을 수 있다.
- 생산 관리자들은 신상품의 제조 라인을 어떻게 구성할 것인지에 대한 질문을 받을 수 있다.
- 영업 사원들은 시장 점유율을 50% 성장시키기 위한 전략에 대해 얘기해 보라는 질문을 받을 수 있다.

위와 같은 질문들은 답하기가 매우 어려워 보일 수 있다. 하지만 이 질문들에 적절하게 대처하는 방법의 핵심은 정답을 얘기하려고 노력하지 말라는 것이다. 정답이 따로 없는 질문이므로 얼마나 논리적이고 합리적으로 대답을 도출하느냐가 중요하다. 일반적으로 이러한 문제 해결 방법에 관한 질문에는 다음 5가지 사항을 고려하여 답하기 바란다.

1. 무엇을 질문하는지 면접관의 의도를 정확하게 파악하라.
2. 면접관이 원하고 있는 답변이 무엇인지를 정확하게 파악하기 위해 질문에
   대해 확인 질문을 하라.
3. 의사 결정을 내리기 위해 필요한 정보를 어떻게 수집하는지에 대해서 설명
   하라.
4. 내부에서 결정이 가능한 부분과 외부에서 이미 정해진 부분들로는 어떤 것
   이 있는지 질문하라.
5. 수집된 정보들을 기반으로 사용가능한 방법 선에서 당신이 어떻게 합리적으
   로 결정을 내리게 되었는지에 대해 설명하라.

다시 한 번 강조하는 바는 이 질문에는 정답이 없다는 것이다. 단지 당신의 의
견이 있을 뿐이다. 면접관은 당신이 얼마나 논리적이고 합리적으로 의견을 개진
해 나가는지 그 과정을 보고 싶어하는 것이다.

상황 대처 능력에 대한 질문과 대답

면접자들은 지원자가 앞으로 이 회사에서 성공적으로 업무를 수행할 수 있을지에 대해 알고 싶어 한다. 사실 이 부분은 면접을 보는 가장 중요한 목적이며, 채용 여부 결정을 하는 데 가장 중요한 기준이기도 하다. 하지만 미래의 사실에 대해서는 단지 추측만 가능할 뿐 확신을 할 수는 없다. 결국 과거의 행동이나 경험에 대한 질문을 통해 이 부분에 대해 판단하고 추측하는 것이다. 이런 질문들은 주로 해당 직무를 잘 수행하고 동료들과 좋은 관계를 유지하며 성공적인 조직생활을 할 수 있는지를 알아보기 위한 것이다. 이를 위해 면접관들이 하는 질문들은 보통 다음과 같다.

- 업무로 인한 스트레스가 심한 환경에서 효과적으로 일하기 위해 어떻게 하십니까?
- 동료 및 상사와 의견 차이로 부딪치게 되었을 때 어떻게 해결하나요?
- 독창적이고 새로운 방법으로 문제를 해결하려 시도했던 경험이 있으면 말씀해 주세요.
- 맡은 바 임무를 제 시간에 끝내기 위해 어떻게 하십니까?
- 당신이 옳다고 생각하는 방향으로 동료, 부하 및 상사를 설득하기 위해 어떻게 하는지 말씀해 주세요.
- 상사에게 문서 및 구두 보고를 할 때 어떻게 하십니까?
- 잠재적인 문제점을 사전에 해결하기 위해 어떻게 하십니까?
- 제한된 정보만을 가지고 중요한 의사 결정을 해야 하는 상황에서 어떻게 하십니까?
- 본인이 생각하기에 가장 올바른 결정이지만 많은 사람들이 이를 지지하지 않을 때 어떻게 하는지 말씀해 주세요.

- 어렵고 힘든 상황에 적응하기 위해 어떻게 하십니까?

- 당신과 다른 의견을 가진 동료를 어떻게 설득하는지 말씀해 주세요.

- 당신의 행동이 스스로 실망스럽게 느꼈을 때 어떻게 했는지 말씀해 주세요.

- 당신이 정말로 옳다고 생각하는 방법을 관철시키기 위해 정치적인 행동을 했던 경험이 있는지, 그렇다면 어떻게 했는지 말씀해 주세요.

- 잔뜩 화가 난 고객을 어떻게 대하는지 말씀해 주세요.

- 큰 장애물을 만났을 때 어떻게 극복하는지 말씀해 주세요.

- 복잡한 문제들이 산재해 있을 때 일의 우선 순위를 어떻게 결정하십니까?

이러한 질문들에 대한 대답은 솔직하면서도 전략적일 필요가 있다. 이미 우리는 앞의 '자기 평가하기' 장에서 스스로의 성향 및 성격, 업무 능력 등에 대해 자세하게 분석해 보았다. 이를 바탕으로 여러 상황을 가정해 보고 이에 대처하기 위해 어떻게 할 것인지를 곰곰이 생각해 보기 바란다. 이러한 가상 질문들을 통해 자신이 지원한 직무가 어떠한 성향 및 업무 능력을 요구하는지 좀더 자세히 파악할 수도 있다.

자신을 셀링(selling)하라

면접 중 자기 소개의 형태나 업무 능력 및 경력에 대한 소개 형태로 면접관은 면접자들에게 자신에 대해 이야기하는 시간을 요구할 것이다. 이 시간은 자신의 장점과 능력을 최대한 보여줄 수 있는 귀중한 시간이다. 하지만 경우에 따라서는 면접 전체를 잘못된 결과로 이끌 수도 있는 아주 위험한 시간일 수도 있다. 이에 대한 답변에는 약 90초 정도의 시간을 두는 것이 가장 적당하며 4W, 1H(What, Who, Why, How)를 활용한 대답을 준비하는 것이 효과적일 것이다.

잘된 사례

한성 전자 영업팀 재직 시절 제가 담당한 휴대폰 제품의 새로운 모델이 출시되자 마자 기기적인 결함이 발견되어 곤란을 겪은 적이 있습니다. 제가 거래했던 많은 대리점에서 그 모델에 대한 반품이 이어지는 상황이었습니다. 저는 이 문제를 해결하기 위해 일주일 동안 제품 개발팀장과 지속적인 미팅을 하여 기기적 결함이 보완된 제품의 출하 가능 시기, 이미 판매된 기기들을 기술적으로 보완할 수 있는 방법들을 찾아 냈습니다. 이를 바탕으로 제가 맡았던 200여 대리점을 일일이 돌아 다니며 사장님들을 설득하여 반품과 고객의 불만을 해결하였으며, 이로 인해 그전 보다 훨씬 두터운 신임을 고객들로부터 받을 수 있었습니다.

잘못된 사례

예전 직장에서 한번 어려운 일이 있었습니다. 제가 핸드폰 영업을 하고 있었는데 새로운 모델이 반품 되는 사건이 있었습니다. 그래서 저는 핸드폰 개발팀과 협의하고, 대리점 사장들을 설득해서 반품을 막았고, 고객들에게 좋은 반응을 얻었습니다.

위의 두 사례를 자세히 살펴 보면 많은 차이점들이 있다는 것을 알 수 있을 것이다. 위의 잘된 사례는 4W, 1H를 활용해 누가, 언제, 어떤 장소에서, 어떤 문제가 발생했는데 구체적으로 어떤 방법을 통해 문제를 해결했고 어떤 결과를 얻었는지에 대해 매우 논리적으로 설명하고 있는 반면, 아래 잘못된 사례에서는 구체적이지 않고, 논리적이지 않은 방법으로 자신이 했던 일을 이야기하고 있다. 똑같은 일을 하였고, 똑같은 업적을 달성했음에도 불구하고 면접 시 어떤 방법으로 이야기하느냐에 따라 듣는 사람에게 매우 다른 인상을 심어준다는 것을 알 수 있다.

면접의 종류

면접의 종류는 매우 다양하다. 아울러 각 회사별로 새롭게 생기는 독특한 유형의 면접들도 많이 있다. 하지만 이 곳에서 그 모든 면접에 대해 다룰 수는 없으므로 가장 일반적인 면접 형태에 대해 설명하겠다. 일반적인 면접의 형태는 다음과 같다.

1:1 면접

이 유형은 주로 경력자 면접이나, 외국계 기업체, 소규모 회사의 면접에서 가장 많이 선호하는 형태이다. 하지만 1:1 면접이라 하더라도 한 번으로 끝나는 경우는 거의 없으며, 여러 면접관들과 몇 차례의 1:1 면접을 진행하게 된다. 이러한 형태의 면접에서는 어떤 면접관이 채용 결정에 있어 최종 결정권을 가지고 있는지 파악하는 것이 매우 중요하다.

1:1 면접에서는 두 사람이 여러 가지 문제에 관해 질문과 답변을 해 나가는 만큼 아주 심도 깊은 면접이 이루어진다. 따라서 많은 준비가 필요하다. 또한 면접관의 재량에 의해 즉석에서 어떤 것을 해 보이기를 요구할 수도 있다. 즉, 면접 도중 어떠한 문제를 제시하고 즉석 프리젠테이션을 해 보라는 요구를 받을 수도 있으며, 업무와는 전혀 상관없는 돌발 퀴즈를 접하게 될 수도 있다. 이러한 경우 면접관들은 정답을 기대하는 것이 아니라 돌발적인 상황에서 얼마나 침착하고 논리적으로 대답을 하는지를 체크해 보려는 것이다. 이러한 요구 및 질문을 받았을 때는 절대 흥분하거나 긴장하지 말고 임기응변을 발휘하여 자기만의 논리를 가지고 답변을 해야 한다. 특히 퀴즈에 대답을 하기 전에는 반드시 자신이 그렇게 생각하는 이유를 머리속으로 정리한 다음 이야기를 시작하는 것이 좋다. 반드시 "왜" 그렇게 생각하는지를 물어 보기 때문이다. 아무리 어려운 질문이라 하더라도 절대 모른다는 대답은 하지 않는 것이 좋다. 다시 한 번 말하지만, 면접관은 지원자의

태도와 논리성을 관찰하고자 할 뿐 정답을 기대하지는 않는다. 아울러 1:1 면접은 매우 장시간에 걸쳐 이루어지는 경우가 많다. 그러므로 적당히 컨디션을 조절하여 지치지 않도록 노력하여야 한다.

집단 면접(1:다수 면접관)

이 유형은 주로 대기업 신입 사원 채용에서 많이 이용되는 면접이다. 한 명의 지원자를 몇 명의 면접관이 면접하는 형태이다. 이 면접에서 가장 중요한 것은 자세와 시선 처리이다. 여러 명의 면접관이 질문을 던지기 때문에, 자칫 1:1 면접 때보다 더 긴장하기 쉽다. 하지만 절대로 지나치게 긴장하지 않도록 유의하라. 아울러 질문을 받을 때나 대답할 때 해당 면접관과 시선을 적절하게 유지하는 것이 매우 중요하다. 대답을 할 때는 질문을 한 면접관을 주로 쳐다보며, 다른 면접관들에게도 순차적으로 시선을 주는 것이 좋다.

이 면접 방식은 주로 대기업에서 신입 사원을 채용할 때 사용하는 방식이므로 면접 시간이 그리 길지는 않다. 하지만 면접 시간이 길지 않다고 간단한 면접이라고 생각하면 큰 오산이다. 짧은 시간 동안 자신을 여러 명의 면접관들에게 소개하고 자신에게 호감을 갖도록 해야하기 때문에 오히려 더 어려운 면접이 될 수도 있다. 이러한 면접에서는 대부분 첫인상과 질문에 대답하는 태도만으로 당락을 결정하게 된다. 따라서 면접장에 입장할 때부터 의자에 앉을 때, 대답할 때, 그리고 퇴장할 때까지 사소한 행동 하나까지도 조심하여야 한다. 짧은 시간에 면접관들에게 자신을 어필할 수 있는 몇 가지 방법을 사전에 준비하고 면접에 임하는 것이 좋다. 하지만 지나치게 튀는 행동은 피해야 한다.

집단 면접(다수 지원자 : 다수 면접관)

이 면접 유형 또한 대기업 신입 사원 채용에서 주로 이용되는 면접이다. 여러 명의 지원자들이 함께 면접을 치르므로, 면접관 입장에서 상대 평가가 용이하다.

이와 같은 집단 면접에서는 1:1 면접에서보다 더 자신감 있고 열정적인 태도로 임해야 할 것이다.

이 면접에서는 모든 지원자들에게 균등하게 질문이 가지 않을 수 있다. 어떤 특정 지원자에게는 질문이 많이 가는데 다른 사람에게는 신상에 대한 간단한 질문 하나만 던지는 경우도 있다. 하지만 자신에게 질문이 오지 않는다고 하여 낙담할 필요는 없다. 면접관의 입장에서 이미 지원자의 첫인상과 이력 사항이 마음에 들어 별 다른 질문을 할 필요를 느끼지 못했을 수도 있기 때문이다. 이 면접에서는 상대 평가가 되기 쉬우므로 특히 자신의 행동과 말에 신경을 써야 한다. 지나치게 긴장하거나, 위축된 태도를 보이거나, 튀는 행동을 하는 것은 바람직하지 않다. 침착하고 논리적인 모습을 유지하도록 노력하라.

집단 토론식 면접

이 유형의 면접은 주로 지원자의 팀워크 및 리더십을 평가하기 위해 이루어진다. 유의할 것은 자신이 가지고 있는 지식이나 기술을 자랑해서 남들을 굴복시키는 자리가 아니라는 점이다. 자신의 의견 및 아이디어는 확신에 찬 태도로 말하고, 남들의 의견은 주의 깊게 경청하는 태도가 중요하다. 가능하다면 주도적인 입장에서 성공적인 토론을 이끄는 것이 긍정적인 요인으로 작용하게 될 것이다.

하지만 지나치게 자신의 의견만을 고집하거나 남의 의견을 자신만의 논리로 비판해서는 안된다. 면접관들은 주제를 얼마나 정확하게 이해했는지, 자신의 의견을 얼마나 논리적으로 표현하는지, 남들의 의견을 얼마나 귀기울여 듣는지 그리고 남의 생각과 자신의 생각을 어떻게 접목시켜나가는지를 살펴본다. 이러한 관찰을 통해 조직에서 이 사람이 얼마나 잘 적응하고, 팀워크를 발휘하며, 자신의 아이디어와 조직의 비전을 접목해 나갈 수 있는 유형의 사람인지를 체크하는 것이다.

프리젠테이션 면접

    면접 직전에 일정한 주제가 주어지고 정해진 시간 안에 자신의 생각과 의견을 정리하여 프리젠테이션을 하는 형태로 진행되는 면접이다. 이 면접에서 평가하고자 하는 사항은 주어진 시간 안에 자신의 의견과 생각을 논리적이고 합리적으로 정리하며, 이를 바탕으로 타인에게 얼마나 효과적으로 설명할 수 있는 능력을 가지고 있는가이다. 주제를 정확하게 파악하고 올바른 의견을 제시하는 것이 중요하다. 프리젠테이션 면접에서는 사회, 경제, 정치적인 이슈 뿐만 아니라, 해당 직무의 전문 지식 분야, 회사의 당면한 과제 등에 이르기까지 매우 다양한 주제가 주어진다.

    주제를 부여받고 자신의 생각을 정리할 수 있는 시간은 매우 짧다. 그 짧은 시간 동안 자신의 생각을 정리하고 어떻게 자신의 생각을 효과적으로 전달할 지에 대한 전략을 세워야 한다. 이러한 능력은 좋은 비즈니스맨이 되기 위해서 필수적인 능력이라 할 수 있다. 하지만 미리 준비하지 않은 사람들에게는 아주 생소하고 힘들게 느껴질 수 있다. 프리젠테이션 면접에서 좋은 점수를 받기 위해서는 사전에 연습을 충분히 해 보아야 한다. 자신의 생각을 정리할 때는 제시된 문제를 정확하게 파악하여, 다음과 같은 순서대로 정리하여 발표하는 것이 효과적이다.

1. 주제에 대한 정의, 목적, 의의, 배경, 중요성 등에 대한 설명
2. 주제에 접근하기 위한 혹은 문제를 해결 하기 위한 기본 방침 및 전체 전략적 접근 방법
3. 구체적인 실행 계획(action items) 및 일정 계획(time line)
4. 이를 통해 기대 되는 효과
5. 결론
6. 질문 유도(면접관들에게 자신의 프리젠테이션에 대해 질문이 있는지 여부를 반드시 물어보도록 하자.)

성공적인 프리젠테이션 면접을 하기 위해서는 평소에 여러 분야 및 자신의 업무 분야와 관련된 이슈들에 대해 관심을 가지고 나름대로의 생각을 정리해 보는 습관을 갖는 것이 중요하다.

전화 면접

전화 면접은 지리적, 시간적 상황의 제약에 의해 직접 대면 면접을 하기 힘든 경우 초기 면접 형태로 많이 이용된다. 이 면접은 면접의 특성상 반드시 다음의 대면 면접이 있게 마련이다. 제한된 수단을 통해 짧은 시간 내에 면접을 하는 것이므로 각별한 주의가 요구된다. 주로 10~30분 정도의 짧은 시간에 이루어지는 면접이므로 이 시간 내에 당신이 가지고 있는 능력과 장점을 효과적으로 보여주기 위해서는 더욱 철저한 준비가 필요하다. 미리 예상 질문 리스트 및 모범 답안을 작성하여 전화 면접에 임하는 것이 좋다. 아울러 메모를 할 수 있는 펜과 노트를 옆에 두고 필요한 경우 간단히 메모를 하는 것이 필수적이다. 특히 전화 면접은 면접관이 당신의 대답 이외에는 목소리의 느낌이나 말투밖에 느낄 수 없으므로 올바른 발음과 어투로 대답하는 것이 매우 중요하다. 너무 빠르거나 느린 말투는 상대방에게 거부감을 줄 수 있으므로 각별한 주의를 요한다.

화상 면접

기술의 발달로 최근 인터넷을 이용한 화상 면접이 많이 활용되고 있다. 화상 면접은 대면 면접 시 회사와 지원자 상호간에 발생하는 시간의 소비를 줄이고, 전화 면접보다는 좀더 자세한 면접을 할 수 있다는 이점이 있다. 화상 면접은 전화 면접과 달리 지원자들의 모든 모습이 공개되므로, 실제 면접을 할 때와 같은 요령으로 임하기 바란다.

화상을 통해 보여지는 자신의 모습은 실제 대면해서 보여지는 모습과 약간 다를 수가 있다. 카메라의 상태, 조명 상태, 조명 위치, 컴퓨터 상태 등 매우 다양한 변수들이 작용할 수 있기 때문이다. 특히 카메라와 컴퓨터의 상태에 따라 현저하게 다른 느낌을 줄 수 있다. 따라서 가급적 좋은 기계들을 이용하여 화상 면접에 임하도록 하라. 장소는 혼자 자유롭게 이야기 할 수 있고, 기타 소음이 전달되지 않는 독립된 곳이 적합하다. 조명은 비교적 밝게 하는 것이 좋다. 특히 컴퓨터에 사용되는 일반적인 카메라 렌즈가 좀 어두운 편이므로 조명을 밝게 조절하고, 컴퓨터의 렌즈 방향으로 직접 빛이 전달되지 않게 렌즈위치를 조절하라. 또한 대면 면접과 동일하게 깔끔한 복장과 외모를 유지하도록 하고, 가급적 정장 차림을 하는 것이 좋다.

성공적인 면접을 위한 기타 조언들

면접은 면접관과 면접자가 대면 접촉을 통해 서로를 평가하는 시간이다. 질문과 대답 이외에 말투, 제스처, 표정 등 아주 다양한 부분들이 면접의 결과에 영향을 미칠 수 있다. 만약 질문과 대답으로만 사람을 평가할 수 있다면 굳이 대면하여 면접을 볼 필요는 없을 것이다. 그렇다면 성공적인 면접 결과를 이끌어 내기 위해 어떤 부분들을 주의해야 할까?

우선 면접 시간 내내 적당한 긴장과 적당한 미소(밝은 표정)를 유지하라. 그리고 열성적이고 호의적인 태도를 취하라. 당신의 업무 능력이나 경력에 대한 질문에 대답할 때는 프로답고 에너지가 넘치는 태도(적당한 손짓 등)로 이야기하라. 아울러 시선을 잘 관리하라. 너무 도발적으로 상대방의 눈을 직접 쳐다 보기보다는 두 눈과 코의 중간쯤 (triangle zone)에 시선을 고정하라. 이것은 매우 중요하다. 자신감에 찬 눈빛과 시선은 단지 면접 뿐만 아니라 다른 경우에 있어서도 타인과의 첫 대면에서 매우 강하고 좋은 인상을 남길 수 있다.

의자에 앉을 때는 지나치게 경직된 자세 혹은 너무 풀어진 자세는 피하는 것이 좋다. 자세를 불편하게 할 수 있는 물건을 무릎에 놓거나 손에 쥐거나 하는 것은 피하도록 하라. 옆에 의자가 있는 경우에는 가방이나 기타 소지품을 양해를 구하고 의자 위에 놓아 두고 그렇지 않은 환경이면 자신이 앉은 의자 옆 바닥에 가지런히 놓아 두면 된다.

질문에 대답을 할 때는 구체적이고 간결하게 하는 것이 좋다. 하지만 면접관이 당신에 대해 충분히 평가할 수 있도록 내실있게 답하도록 한다. 지나치게 과장하거나, 간접적이거나 늘어지게 대답하는 것은 피하도록 하라. 반드시 대답하기 전에 대답할 내용을 미리 생각하고 머리속에서 제대로 정리한 후 대답하라. 당신의 생각을 정리할 정도의 시간은 충분히 양해가 가능하다. '음…', '어…' 등과 같이 불필요한 군더더기 단어를 사용하거나 생각할 시간을 벌기 위해 질문을 다시 한 번 되풀이해서 물어보는 행동은 피하기 바란다. 말을 할 때 가급적 비즈니스 용어를 골라 사용하며, 속어나 은어 등은 피한다.

특별히 걱정되는 부분이나 대답하기 불편한 부분이 있다면 사전에 이에 대한 대답을 준비해서 면접에 임하도록 하라. 누구나 쉽게 수긍할 수 있을 만한 대답을 준비하거나, 만일 그렇지 못하다면 면접 과정을 통해 가급적 그런 부분에 대한 질문이 나오지 않게 만들거나, 간단히 넘어가도록 면접관을 유도하는 것도 현명한 방법이다.

만약 면접 도중 면접관의 생각과 반대되는 의견을 이야기하고 싶은 경우가 있다면, 면접관의 의도를 정확하게 파악할 필요가 있다. 만약 면접관이 당신의 다른 의견을 듣고 싶어서 일부러 그런 분위기를 유도한다고 판단이 되면 과감하게 당신의 의견을 이야기하는 것이 바람직하지만, 그렇지 않다면 직접적으로 상충되는 의견을 말하는 것보다는 우회적으로 당신의 의견을 피력하는 지혜도 필요하다.

이밖에 성공적인 면접접을 위해서는 다음 사항들을 숙지하기 바란다.

■ 면접 전 날은 충분한 숙면을 취하라.

■ 면접 시간을 절대 엄수하라. 면접 장소에서 마지막으로 생각을 정리할 수 있
도록 15분 정도 일찍 도착하라. 기다리는 동안 회사 내부의 분위기나 근무 환
경 등을 눈여겨 보라. 아울러 주변을 돌아다니는 직원들이 하는 얘기를 유심
히 들으라. 면접에 도움이 되는 얘기들을 들을 수도 있다.

■ 가급적 면접 전반부에 면접관으로 하여금 직무나 회사에 대해 설명을 하도록
유도하라. 그리고 당신의 경력 및 업무 능력 등과 연결점을 찾도록 하라.

■ 가능한 당신이 직접 수행한 업무를 바탕으로 당신의 업무 능력과 장점을 얘기
하라. 구체적이고 객관적인 데이터를 바탕으로 하는 얘기는 타 지원자들과 당
신을 차별화시켜 줄 것이다.

■ 질문에 답변할 때는 항상 면접관을 주시하라. 면접관의 제스처나 얼굴 표정,
자세 등을 통해 당신이 하는 대답이 부실하지는 않은지, 상대를 지루하게 만
드는 것은 아닌지 등을 알아 차릴 수 있다.

■ 면접관의 질문을 정확하게 파악하라. 면접관이 당신에게 요구하는 대답이 무
엇인지에 대해 정확하게 파악한 후 대답하라. 만약 정확하게 의도 파악이 안
되었다면, 양해를 구하고 한 번 더 질문의 내용을 확인하라.

■ 만약 면접 도중 면접관이 잠깐 동안 침묵을 유지한다면, 그 이유가 무엇인지
정확하게 파악하라. 다음 질문을 생각하고 있는 중인지, 대화가 끊어진 상태
에서 당신이 어떤 태도를 취하는지 평가하고 싶어하는 건지, 아니면 그 전 질
문에 대한 당신의 답변이 너무 짧다고 생각해서 보충 설명을 기다리고 있는지
등을 생각해 보라.

■ 면접관이 당신에게 당신의 단점이나 약점에 대해 이야기해 보라는 질문을 하
면 업무와 관련된 약점 한 가지 정도를 얘기하라. 하지만 절대 업무 수행에 차

질을 초래할 수 있다고 판단되는 약점을 이야기해서는 안 된다. 아울러 약점을 이야기하는 것에만 그치지 말고, 그것을 통해 무엇을 배웠는지 그리고 그 약점을 보완하기 위해 어떤 노력을 했는지, 그래서 지금은 어떻게 달라졌는지 등에 대한 부연 설명을 반드시 하기 바란다.

■ 만약 면접관이 당신의 경력에서 부정적인 부분(전 직장에서 해고 되었다던지, 전 직장 상사와 갈등이 심했다던지 등)에 대해 질문을 할 경우, 절대 전 직장이나 상사를 비판하는 태도로 이야기하지 말라. 당신이 겪었던 어려운 점이 무엇이었는지, 그것을 극복하기 위해 어떤 노력을 했는지 등에 대해 이야기하라.

■ 면접 전에 급여 수준에 대한 정보를 반드시 수집한 후 면접에 임하라. 면접관이 당신에게 어느 정도의 급여를 희망하는지에 관한 질문을 할 때, 직접 자신의 희망 급여 수준을 밝히기보다는 회사에서 해당 직무를 수행하는 비슷한 경력자에게 지불하는 급여 수준이 어느 정도 되는지를 먼저 물어보라. 그런 후 당신이 가진 정보와 면접관의 말을 기준으로 적절한 수준의 희망 급여를 이야기하는 것이 무난하다.

■ 정식 면접 전에 반드시 다른 사람과 모의 면접을 해 보기 바란다. 당신의 대답 수준이 어느 정도인지, 면접에서의 태도나 표정, 기타 나머지 부분들에 문제가 없는지 등을 꼼꼼하게 체크하고 피드백을 받도록 하라. 하지만 너무 많은 연습은 피하도록 하라. 면접에 대한 지나친 사전 연습은 실제 면접 시에 자칫 가식적인 인상을 줄 수 있다.

8

직장 내 성공 전략

회사의 오퍼 분석 및 협상

필자가 신입 사원으로 모 대기업에 입사 하던 당시에는 연수를 마치고 한 달여가 지날 때까지도 자신의 월급(지금은 연봉으로 바뀌었지만)이 얼마인지에 대해 아무런 정보가 없었다. 필자를 포함해 꽤 많은 동기들이 연수를 받았지만, 아무도 이에 대해 궁금증을 표시하지 않았다. 그도 그럴 것이 우리는 모두 그 회사의 기본적인 인지도 때문에 입사를 했고, 월급이야 이미 정해진 것이니 굳이 궁금해 하지 않아도 언젠가는 자연히 알게 될 것이라고 생각했던 것이다. 지금 생각하면 웃음이 나오는 일이다.

대기업의 신입 사원 채용이 그 때와 많이 달라졌다고는 하나 급여에 대한 구체적인 정보를 가지고 입사하는 경우는 아직도 드물 것이다. 하지만 최소한 경력 사원 채용에 있어서는 이러한 일이 이제는 통하지 않는다. 입사 결정 이전에 반드시 오퍼 레터(offer letter)라는 양식을 통하거나, 아니면 구두를 통해서라도 정확한 연봉과 복리후생제도에 대한 설명을 듣게 된다. 이는 입사를 결정하기 전 최종적으로 입사 당사자의 의견을 묻는 과정이며, 이를 통해 입사 당사자는 자신이 해당 회사에 입사를 할 것인지 아니면 다른 기회를 찾을 것인지를 결정하는 것이다. 과정을 통해 자신의 요구를 좀더 적극적으로 표시할 수도 있으며, 회사의 제안과 자신의 요구 부분에 대한 적절한 협상이 이루어 질 수도 있다.

회사측의 오퍼에 대한 수락 및 거절을 위해서는 충분한 검토가 필수적이다. 오퍼를 받자 마자 세밀한 검토 없이 그대로 수락하는 행동은 피해야 한다. 따라서 오퍼를 받은 이후에는 생각할 수 있는 시간을 줄 것을 정중하게 요청하는 것이 좋다. 그러나 시간을 너무 오래 끌지 않는 것이 예의이며 통상 하루에서 이틀 정도가 적당하다. 한국의 정서 상 오퍼내용에 대한 협상을 하는 것이 거북하게 느껴질 수도 있지만, 어느 정도 납득할 만하고 만족스러운 오퍼를 받고 입사하는 것이 향후 업무 만족도 및 조직 만족도에 좋은 영향을 미치므로 가급적 신중하게 생각하고, 협상이 반드시 필요하다는 생각이 들면 긍정적인 방법으로 유도하기 바란다. 의사 결정을 하기 위해 고려하여 할 요소는 [표 8-1]과 같다.

[표 8-1] 오퍼에 대한 최종 의사 결정 시 고려할 사항

항 목	세부 내용
회사 및 조직	• 해당 산업군의 성장 가능성 및 비전은 어떠한가? • 회사 규모, 성장률, 시장 가능성은 어떠한가? • 회사의 비전과 나의 비전이 일치하는가? • 회사의 조직 문화는 나의 성향과 어느 정도나 일치하는가? • 근무 시설 및 근무 환경은 어떠한가? • 근무 복장은 어떠한가?(정장, 캐주얼 등) • 이 회사에서 얼마나 오래 근무할 수 있는가?
직장 상사 및 팀원	• 직속 상사의 스타일은 어떠한가? • 나의 성향과 직속 상사의 성향이 잘 맞는가? • 팀 내 분위기는 어떠한가?

직장 상사 및 팀원	• 직속 상사와 나의 업무에 대한 비전과 생각이 얼마나 일치하는가?
직무	• 내가 정말 하고 싶은 직무이며, 나의 경력개발 목표에도 일치하는가? • 맡게 될 업무의 역할 및 책임 권한은 어느 정도인가? • 내가 가지고 있는 역량 및 업무 능력을 어떻게 적용할 수 있는가? • 교육 기회는 얼마나 보장되고 다양한가? • 향후 경력개발에 얼마나 많은 도움이 되는가? • 업무량은 어느 정도이고, 출장은 어느 정도나 다녀야 하는가?
진급 가능성	• 인사 고과 평가는 어떻게 진행되는가? • 인사 고과 평가에 대한 권한은 누구에게 있는가? • 입사 후 나의 첫 번째 승진 기회는 언제부터 주어지는가? • 수습 기간이 있다면 어느 정도인가? • 실제 승진의 기회가 얼마나 자주, 합리적으로 주어지는가?
급여 및 복리 후생	• 기본급, 수당, 인센티브, 보너스 등이 어떻게 되는가? • 급여 및 복리 후생 수준이 동종업계 대비 어느 정도 수준인가? • 인센티브는 어떠한 체계로 지급되는가? • 목표 대비 평균 인센티브 지급 수준은 어느 정도인가? • 복리후생제도에는 어떠한 것들이 있는가? • 복리후생 항목들이 내 생활에 얼마나 실질적으로 도움이 되는가?
기타	• 출, 퇴근으로 소요되는 시간이 얼마나 되는가? • 지리적, 환경적 조건이 어떻게 되는가?

입사를 결정할 때 많은 사람들은 급여가 얼마나 상승하는지, 복리 후생 제도가 얼마나 잘 되어 있는지에 많은 비중을 두는 편이다. 급여 및 복리 후생도 물론 중요하다. 하지만 장기적 관점에서 볼 때 가장 중요한 것은 자신의 경력개발 계획과 얼마나 잘 부합하는가이며 그 과정을 얼마나 잘 촉진시켜 줄 수 있는가이다. 급여 및 복리후생이 어느 정도 자신의 기대치와 비슷하다고 생각되면 회사 및 조직의 비전, 업무의 성격, 책임 권한 등 자신의 경력개발과 관련된 부분들을 꼼꼼하게 체크하는 지혜가 필요하다.

직장 내 성공 전략

면접 과정이 모두 끝나고 성공적으로 새로운 회사에 입사를 하게 되면 이제 새로운 조직 및 새로운 직무에 얼마나 빨리 적응하고 그 속에서 얼마나 많은 성과를 올리느냐가 중요하다. 처음 입사를 하면 회사에 따라 조금씩 다를 수는 있지만 몇 개월 간의 수습 기간을 거치거나, 단기 혹은 중기간의 연수를 거치게 된다. 어느 경우든 새로운 회사에서의 몇 주간은 매우 힘들고 신경이 많이 쓰이는 시기이다. 모든 것이 새롭고, 다시 배워야 할 것이 너무나 많을 것이다. 또한 무수히 많은 낯선 사람들과 만나게 될 것이다.

이 때 가장 중요한 것은 빠른 시간 내에 새로운 사람들과 좋은 관계를 형성하는 일이다. 자신의 팀원 및 상사들 뿐만 아니라 자신의 업무와 직접적으로 관련이 없는 사람들과도 좋은 관계를 형성하기 위해 노력하라. 또한 자신의 직무에 있어서의 업무 영역과 책임 및 권한을 빠른 시일 내에 파악하고, 부족한 업무 관련 기술들을 공부하라. 마지막으로 자신의 업무와 관련된 부분 이외에도 회사 전체와 관련된 새로운 지식이나 정보를 수집하라.

다음은 특히 신입 사원들을 위한 직장 내 성공전략 중 가장 중요한 다섯가지를 뽑은 것이다. 직장 초년생이라면 항상 숙지해야 할 사항이다.

원칙 1, 좋은 인간 관계를 유지하라

좋은 인간 관계의 구축은 직장 내 성공 전략의 제 1원칙이다. 당신의 업무를 성공적으로 수행하기 위해서는 반드시 다른 사람들의 도움이 필요하다. 주변의 사람들과 좋은 관계를 유지하여, 당신의 평판을 좋게 만들고, 그들로 하여금 당신이 하는 일에 기꺼이 도움을 주고 싶도록 만드는 것은 성공을 위한 필수요소라고 할 수 있다. 그 중 특히 같은 팀에서 일하는 팀원들 그리고 직속 상사와의 좋은 인간 관계를 형성하는 것은 가장 중요하다. 아울러 같은 팀원이나 직속 상사가 아닐지라도 당신의 업무와 관련된 모든 사람들과 좋은 관계를 유지하라.

무엇보다도 항상 명랑하고 친절한 태도로 타인을 대하라. 특히 자기보다 나이가 많거나 경력 면에서 자기보다 선배인 사람들에게는 항상 존경하는 태도로 대하도록 하라. 자신의 업무에 대해 불평을 늘어 놓거나, 다른 사람들을 비판하는 발언을 삼가며, 떠돌아 다니는 회사 내 소문이나 가십(gossip)에는 관심을 기울이지 말라. 아울러 항상 자신에 대한 평가에 귀를 기울이고, 그 이야기들이 당신의 어떠한 점을 비판하는 것인지 충분히 이해하기 위해 노력하고, 그들의 요구나 피드백에 최대한 맞추어 보려고 노력하라. 이러한 행동들을 통해 당신은 좋은 인간 관계를 구축할 수 있으며 더불어 회사 내 많은 사람들을 당신의 조력자로 만들 수 있을 것이다.

원칙 2, 핵심 역량을 개발하라

핵심 역량은 이미 살펴본 바와 같이 전문 지식 및 기술과 함께 항상 끊임 없는 개발과 학습이 필요한 매우 중요한 부분이다. 회사 및 직무마다 요구하는 핵심 역량이 다르며, 성공적인 업무 수행과 직장 내 성공을 위해서는 자신에게 요구되는 핵심 역량을 끊임 없이 개발해야 한다. 우선 자신의 업무에서 요구되는 핵심 역량이 무엇인지 정확하게 분석해 보자. 잘 조직화된 회사에서는 이미 각 직무 별로 요구되는 핵심 역량과 수준이 잘 정리되어 있겠지만, 대부분의 회사에서 이러한 것들이 별도로 정리 되어 있는 경우가 흔치 않다.

입사 초기에는 당신의 실제 업무 능력 여하를 떠나 구두상 또는 서면상 커뮤니케이션 능력이 더 필요한 경우가 많다. 상사에게 보고를 하거나, 동료들 혹은 타 부서 및 외부 사람들과의 커뮤니케이션을 함에 있어, 논리적이고도 예의 바른 태도를 통해 상대방에게 좋은 인상을 심어주는 것은 앞으로의 직장 생활을 더욱 수월하게 만들어 준다. 또한 입사 초기에는 여러 가지 상황에서 시행착오로 인한 많은 실수를 하게 된다. 이러한 실수를 방지하기 위해서는 팀 동료나 상사에게 질문하는 것을 두려워하지 말아야 한다. 확실하지 않은 것에 대해서는 무조건 질문하라. 그리고 만약 실수를 하게 된다면, 자신의 실수를 덮거나 다른 사람에게 그 원인을 돌리는 모습을 보이지 말라. 실수는 누구나 할 수 있는 것이다. 특히 새로운 환경에 익숙하지 않은 사람들에게는 흔히 일어나는 일이다. 실수를 하게 되면, 자신의 실수를 솔직하게 인정하고, 그 속에서 무엇이든지 배우려고 노력하라. 아울러 그 교훈을 통해 절대 같은 실수를 반복하지 않도록 하라.

자신의 핵심 역량을 향상시킬 수 있는 방법으로 교육기회의 활용을 빼놓을 수 없다. 당신의 업무 능력을 향상시킬 수 있는 외부 교육이 있다면 업무 시간을 이용해서라도 꼭 참석하라. 이러한 노력이 당신의 핵심 역량과 업무 능력을 향상시킬 것이며, 이러한 과정을 통해 당신은 한 분야의 최고 전문가로 성장해 나갈 수 있을 것이다.

원칙 3, 신뢰 관계를 구축하라

신뢰의 구축은 비단 직장 내 성공을 위해서 뿐만 아니라 성공적인 인생을 위해서도 핵심적이고 필수적인 요소라고 할 수 있다. 사람들은 자신이 신뢰할 수 있는 사람에게 마음을 열고, 중요한 일을 맡기고자 한다. 이는 당연한 인간의 심리이며, 맡기고자 하는 일의 비중이 크면 클수록 신뢰에 더 의존하게 된다. 직장 내에서 보다 많은 책임 권한을 얻고, 보다 중요한 직책으로 승진해 나가기 위해서는 반드시 신뢰받을 수 있는 사람이 되어야 한다.

신뢰 구축의 출발은 자신을 과장하지 않는 데 있다. 당신이 처리할 수 있는 범위 이상을 할 수 있는 척 하지 말고, 당신의 한계를 명확하게 아는 것이 중요하다. 아울러 지시 또는 할당받은 업무는 가급적 빨리, 정확하게 끝내도록 하며, 데드라인을 절대 넘기지 말아야 한다. 출근시간, 회의시간 등과 같이 시간이 정해져 있는 상황에서는 그 시간을 지키기 위해 최대한 노력하라. 특히 고객들과의 약속은 더욱 중요하다.

원칙 4, 시간을 올바르게 관리하라

올바른 시간 관리를 위해 가장 우선적으로 해야 할 일은 일의 우선순위를 정하는 것이다. 이를 '우선순위 정하기(Prioritize)' 라고 하는데 이러한 과정을 통해 자신에게 주어진 시간을 중요한 일 순서대로 배분하여 업무의 효율과 시간 활용의 효율성을 동시에 높일 수 있는 것이다. 자신이 하루 안에 처리하여야 할 일들을 중요한 순서대로 나열해 보라. 중요도를 결정하는 기준에는 여러 가지가 있을 수 있다. 데드라인, 사안의 중요성, 부서 전체 업무 흐름과의 연계성 등 여러 가지 요소들을 바탕으로 중요도를 매기면 된다. 이렇게 자신이 해야 할 일의 중요도가 매겨졌다면 그 순서대로 해야 할 업무의 우선순위를 정해 업무를 수행하도록 하라. 이것이 올바른 시간 관리를 위한 기본 원칙이다.

또한 하루 중 어려운 업무를 가장 잘 처리할 수 있는 시간대를 정하여 그 시간대에 까다롭거나 신경이 쓰이는 업무를 집중적으로 처리하라. 어려운 업무에 투자되는 시간을 최대한 줄일 수 있어 업무의 효율성을 높일 수 있다. 아울러 항상 목적 및 목표를 정확하게 설정하고 계획하는 습관을 기르도록 하라. 주간, 월간, 분기별로 항상 목적과 목표를 설정하고 계획하여 업무를 수행한다면 쓸데없이 낭비되는 시간을 줄일 수 있다.

원칙 5, 다른 사람들과 조화를 이루어라.

독불 장군이라는 말이 있다. 타인과의 조화를 거부하는 극단적인 형태의 인간형이라고 할 수 있다. 하지만 이 사회 어디에도 독불장군 유형의 사람이 환영받을 수 있는 곳은 없다. 특히 회사라는 조직은 잘 짜여진 톱니바퀴처럼 여러 사람들이 서로 조화를 이룰 때 업무의 효율성이 유지될 수 있는 곳이다. 업무 수행은 절대 혼자 할 수 있는 것이 아니며 많은 사람들의 조력을 필요로 한다. 조직 내 모든 사람들을 나의 조력자로 만들겠다는 각오로 관계 형성에 노력하라. 어떠한 이유로도 적을 만들지 말라.

광범위한 인간 관계를 구축하기 위해 노력하라. 예를 들어 회사 내 봉사 활동이나 동호회 활동 등에 적극적으로 참여하여 당신이 어떤 사람인지 알리는 것도 좋은 방법이다. 아울러 조직 내의 정치 싸움에 끼어들어 희생자가 되거나 적을 만드는 우를 범하지 말라. 또한 항상 최상의 모습을 보여주도록 자신을 연출하라. 당신은 무대 위에 선 배우이다. 당신의 주변 사람들은 당신의 일거수 일투족을 매우 세심하게 보고 있는 사람들이다. 그들에게 최상의 모습을 보여주도록 노력하라. 의상, 걸음걸이, 말투, 행동 등 모든 면에 신경을 써라.

재평가 및 중간 점검

재평가 하기

우리는 살아가면서 많은 계획수립과 수정을 반복하게 된다. 애초에 계획을 잘 수립하는 것 못지 않게 자신의 현재 및 과거를 잘 평가하고 새롭게 계획을 수정해 나가는 것 또한 성공적인 삶을 위해 중요한 과정이다.

경력개발 계획에 있어서도 보다 효과적인 목표 달성을 위해서는 당신의 경력 및 업무를 스스로 평가해 보는 시간이 반드시 필요하다. 항상 당신의 경력 및 업무 수행 정도를 스스로 평가해 볼 수 있도록 당신이 생각하는 바를 정리하고 기록하는 습관을 갖도록 하라. 성공적인 업무 수행을 위해 별도 학습의 필요성을 느낀다면, 학습 및 교육 계획을 세우라. 그리고 당신의 분야에서 최고가 될 수 있도록 당신의 경력개발 목표를 항상 기록하고 기억하라.

입사 후 첫 번째 주까지 당신이 현재 보유한 기술이나 업무 능력을 바탕으로 일반적인 업무 목표를 설정하라. 해당 직무에 대한 스킬이나 업무 능력이 향상되면서 당신의 경력 목표 및 학습 목표도 더욱 구체화 될 것이다. 구체적인 목표를 설정하고 당신이 목표 달성을 위해 얼마나 노력하고 있는지를 항상 체크하라. 분기별, 반기별, 연별 등 일정 기간이 끝나면 당신의 업무 성과 및 실적에 대해 스스로 평가해 보고, 상사와도 상담하는 시간을 갖도록 하라.

중간 점검 하기

지금 나는 나의 목표를 향해 올바르게 가고 있는가? 현재 나의 직업은 나에게 만족감을 안겨 주는가? 뭔가 새로운 비전과 목표가 필요하지 않은가? 현재 근무하고 있는 직장을 옮겨야 하는 시기인가?

우리는 살아가면서 위와 같은 종류의 질문들을 스스로 끊임 없이 던지게 된다. 이러한 고민이 들 때 [표 9-1, 중간 체크 리스트]를 이용하여 과연 나의 인생이나 경력이 올바르게 진행되고 있는지, 새로운 방향을 모색해야 하는 단계에 있는 것은 아닌지 등을 체크해 보기 바란다.

[표 9-1, 중간 체크리스트]의 항목들은 별도의 정답이 있는 질문들이 아니다. 그러나 중요한 것은 스스로에게 정직해야 한다는 것이다. 이 항목들을 정직하게 체크하다 보면 당신이 현재 어떤 상태이며, 어떻게 살아 왔으며, 앞으로 어떻게 살아야겠다는 생각이 정리가 될 것이다. 마지막으로 경력개발 계획은 자신의 인생 전체에 대한 청사진과 조화를 이루어야 한다는 사실을 기억하기 바란다. 체계적인 경력개발 계획을 세우고 그것을 달성하기 위해 노력하는 것 못지 않게 당신의 인생 전체에 대한 체계적인 접근이 필요하며 그 과정을 통해서만이 일과 인생에 있어 조화를 이룰 수 있을 것이다.

[표 9-1 중간 체크 리스트]

항　　목	예	아니오
출근에 대한 희망으로 아침에 일어나고 출근하는가?		
당신이 수행하고 있는 일이 정말 재미있고 즐거운가?		
당신의 업무를 자랑스럽게 생각하는가?		
자신이 회사나 팀을 위해 매우 중요한 존재라고 생각하는가?		
자신이 회사나 팀의 이익을 위해 공헌하고 있다고 생각하는가?		
만약 구조 조정이나 새로운 사업 계획에 의해 조직에 큰 변화가 생긴다면, 그 때도 당신의 가치를 충분히 인정받을 수 있다고 생각하는가?		
회사의 매니저들이나 상사가 회사에 대한 당신의 공헌도를 충분히 인정하고 있다고 생각하는가?		
당신의 확장된 경력개발을 위해 회사로부터 직무 전환 교육이나 직무전환의 기회를 받고 있는가?		
현재 앞으로 나아가고 있고 성장해 가고 있다고 생각하는가?		
현재 올바른 회사와 올바른 팀에 소속되어 있다고 생각하는가?		
매일의 업무가 여전히 흥미롭고 도전 가치가 있는 것들이라고 생각하는가?		
문제가 발생했을 때 합리적이고 독창적인 해답을 찾기 위해 당신은 얼마나 공헌하고 있는가?		
회사 내의 정치적인 문제들을 잘 관리하고 맞서나가고 있다고 생각하는가?		
당신이 옳다고 생각하는 일을 소신있게 밀고 나갈 수 있는 능력이 있다고 생각하는가?		
학습 및 교육의 기회를 충분히 부여받고 있다고 생각하는가?		

 취업 준비생을 위한 스마트 경력관리

항　　목	예	아니오
회사 내부 및 외부에서 당신에게 올바른 조언을 해 줄 수 있는 사람들과 좋은 관계를 잘 유지하고 있는가?		
지속적으로 책임 및 권한을 부여 받고 있으며, 업무 영역을 더 넓혀 가고 있는가?		
당신이 선택한 직업이나 직무가 당신의 라이프스타일에 부합한다고 생각하는가?		
회사일과 개인 생활이 서로 조화를 이루고 있는가?		
현재 하고 있는 일이나, 속해 있는 산업 분야가 당신의 궁극적인 목표를 향해 나아가는 데 기여할 수 있다고 생각하는가?		

후기

강연 중이나 컨설팅 중 가끔 사람들에게 이런 질문들을 받곤 한다.

"당신은 경력개발 계획에 의거해서 지금까지 경력을 관리해 왔다고 생각하는가?"

그런 질문을 받을 때 나는 항상 자신 있게 "네"라고 대답한다. 필자가 졸업하던 무렵의 상황은 지금과 많이 달랐다. 기업의 환경도 열악했고, 제대로 된 교육 및 경력개발에 대한 지원조차 없던 때였다. 물론 나도 처음부터 경력 관리에 관한 이론을 정확하게 인지하고 계획에 맞추어 체계적으로 경력 관리를 해왔던 것은 아니다. 하지만 대학교를 졸업하고, 인사라는 분야로 발을 들여놓은 후부터 일정한 테두리 안에서 나의 경력을 개발하고 관리하게 되었다.

필자는 대학교에서 스페인어를 전공하였다. 많은 선배, 후배, 친구들은 대부분 현재 수출 역군으로 세계를 누비는 무역맨의 경력을 쌓고 있다. 필자 또한 대학 졸업 후 첫 직장에 입사할 때 이러한 생각이 없었던 것이 아니었으나 그 당시 나에게 주어졌던 직무는 인사, 그 중에서도 해외 박사급 인력 채용이라는 업무였다. 사실 회사의 일방적인 업무 배치로 그 직무를 떠 맡게 되었다고 해도 과장이 아닐 것이다. 하지만 1년 이상 그 직무를 수행하면서 나의 적성이나 성향과 이 직무가 잘 맞는다는 생각을 하게 되었고, 무엇보다 새로운 직무를 파악하기 위해 1년 이상 쌓아온 경력을 허물어뜨리는 것은 경력 관리를 위해 좋지 않다는 생각을 하게 되었다. 그 순간부터 나는 나의 직무군에 철저히 빠져들었다. 그리고 그 분야 최고의 전문가가 되어 나의 직무를 이용해 나만의 비즈니스를 계획하는 데까지 이르게 되었다.

삼성전자 재직 시절, 미국 미시간의 모 대학에서 개최되었던 박사급 면접 당시가 생각이 난다. 면접이 한창 진행될 때쯤 꽤나 나이가 들어 보이는 지원자 한 사람을 만나게 되었다. 그의 모습은 매우 의기소침하고 지쳐 보였다. 물론 그 사람은 면접에서 좋은 결과를 얻지 못했다. 나는 그 사람이 왠지 가슴에 걸렸다. 왜일까? 명문으로 알려진 학교에서 전도 있는 전공의 박사 과정을 거의 수료해가는 사람의 모습이 어찌 저렇게 초라할까? 나의 궁금증은 면접 이후 진행된 저녁 식사 자리에서 풀리게 되었다.

그 사람은 한국의 한 명문 대학에서 영문학 석사까지 취득한 후 모 대기업에 취업하여 2년 정도의 직장 생활을 했다고 한다. 그는 부인과 두 자녀를 두고 있었는데, 한국에 있을 당시 부인 또한 명문대를 졸업하고 최고 규모의 외국계 기업체에서 두각을 나타내고 있었다. 하지만 그는 자신의 전공 및 직무 분야에 대해 만족을 느끼지 못했으며 결국 부인과 함께 유학의 길에 오르는 대단한 결심을 하게 되었다. 그는 전자 공학이라는 전혀 다른 전공을 선택하여 학사부터 다시 시작했다. 그가 박사까지 공부하는 동안 부인은 한국 식당에서 접시를 닦으며 생활비를 벌어야 했고, 두 자녀들은 어느덧 초등 학생이 되어 있었다.

박사 학위가 얼마 남지 않을 때부터 그는 이곳 저곳 새로운 직장을 찾기 위해 서류를 제출하고 면접을 보았지만, 전자 공학 분야에서 실무 경험이 전혀 없고 나이가 많은 그를 회사에서 반길 리가 없었다. 그것이 바로 그의 어깨를 그렇게까지 처지게 만든 이유였던 것이다. 비록 잠시 알게 된 사람이었지만 그의 어려운 상황이 나의 가슴을 무겁게 짓눌렀다.

이 사람의 경우는 무계획적인 경력 관리가 얼마나 나쁜 상황으로까지 한 사람의 인생을 몰고가는지를 극명하게 보여주는 예이다. 필자는 헤드헌터로서 꽤나 많은 사람들을 만난다. 하지만 우리 주변의 많은 사람들 혹은 이 책을 읽고 있는 바로 당신조차도 이 정도의 심각한 경우는 아니더라도 이와 비슷한 우를 범하여 인생 전체를 고난의 길로 몰고 갈 수 있다. 그리고 이러한 예를 심심치 않게 보게 된다.

나는 이 책이 여러분에게 혹시라도 닥칠지 모르는, 그릇된 경력관리로 인한 재앙을 예방할 수 있는 예방 지침서 정도로 활용되었으면 좋겠다. 인생에서 일어날 수 있는 재앙은 천재지변과 달리 충분한 준비와 계획으로 100% 방지할 수 있다. 또한 꾸준한 준비와 치밀한 계획을 당신의 인생을 성공으로 이끌 수도 있다. 끝까지 읽어준 독자들에게 감사드린다.

부록

영문 이력서(Resume)샘플

국문 자기 소개서 샘플

국내 주요 헤드헌팅 회사(Executive Search Firm)

국내 주요 온라인 채용 사이트

영문 이력서 샘플

1. Account Payable (회계직)

Kil Dong Hong

123 Suseo-Dong, Kangnam-Ku, Seoul, Korea

Office.02-123-1234, Mobile.011-111-1111, kdhong@hrforum.co.kr

CREDIT & COLLECTIONS
– Combining Solid Negotiating & Interpersonal Skills –

OVERVIEW: Credit, A/R, A/P, and Collections professional with a verifiable record of accomplishment spanning four years. Highly creative, recognized as a results-oriented and solution-focused individual. Areas of strength include:

- **Accounts Payable**
- **Organizational Skills**
- **Highly Computer Literate**
- **Work as Team Player**
- **Accounts Receivable**
- **Legal Aspects of Collections**
- **Solid Communication Skills**
- **Time Management Skills**

EDUCATION: Hankuk University, Seoul
Associate of Arts Degree: Mathematics & Accounting, 1992
GPA: 3.325
- Member: Seoul Professional Mathematics Society (1990-91)

COMPUTER SKILLS: IBM and MS Office product
WordPerfect, M/S Word, AmiPro, Excell, Power Point
Lotus 1-2-3, M/S Excel, EasySpread II
Peachtree Accounting, Quicken, DacEasy, LedgerRight

PROFESSIONAL EMPLOYMENT: Hankuk Inc., Seoul 　　　　1992 - 1996
Accounts Receivable/Payable Clerk
(Telecommunication service provider with 135,000+ customers and 340+ vendors)
- Full charge processing of all accounts receivable and payable
- Reconcile bank balances; record general ledger entries

(옆면에 계속)

- Establish customer credit lines and set up credit accounts with vendors
- Manage all petty cash and office supply expense accounts

Accomplishments

Reduced A/R aging from an average of 87 days to 63 days in less than 7 months

Established new credit criteria for new accounts, significantly reducing bad debt

Wrote credit policy and procedure manual for department

SPECIAL INTERESTS:	Aerobics, Gourmet Cooking Internet, Classical Music
REFERENCES:	Promptly furnished upon request.

Kil Dong Hong

123 Suseo-Dong, Kangnam-Ku, Seoul, Korea

Office.02-123-1234, Mobile.011-111-1111, kdhong@hrforum.co.kr

Objective:

A secretarial position in a multicultural environment.

Skills System:

• Computer Proficiency	• Telephone Answering, 12-Line System
• Data Entry	• Word Processing & Typing
• Excellent Organizational Skills	• 10-Key Calculator

Computer: Window 9x/XP, MS Office products, Photoshop

Experience:

Secretary   1995 to Present

Hankuk Computer Service, Inc.   Seoul

- Entered data for reports, production items, shipping, and inventory.
- Maintained computerized inventory of all parts, supplies, and products.
- Handled all word processing and typing.
- Helped plan and organized company functions.
- Answered the telephone and represented the company in a professional and businesslike manner.

Accomplishments:

- Researched and set up a voice mail answering system. Result: Saving time for both the receptionist and the customers.
- Created, organized, and set up an information center for manuals and schematics. Result: Better access to necessary information, and less time in information searching.
- Employee of the Month, July, 1996.

Sales Clerk   1989 - 1995

Hankuk Inc.   Seoul

Education:

Word Processing/Data Processing   1987 - 1989

Hankuk Junior College   Seoul

Diploma   1987

Hankuk High School   Seoul

References: Furnished on request.

3. System Administrative Assistant (시스템 관리직)

Kil Dong Hong

123 Suseo-Dong, Kangnam-Ku, Seoul, Korea

Office.02-123-1234, Mobile.011-111-1111, kdhong@hrforum.co.kr

---

OBJECTIVE: **COMPUTER OPERATOR**

A position where proven technical skills would be utilized.

PROFILE:

- Familiar with Linux, Windows, WordPerfect and Prodigy.
- Knowledge of PC setup and installation, as well as various peripherals, data entry and file updating.
- Experience training individuals in system operations, as well as collections and customer service.

EMPLOYMENT: Hankuk Inc., Seoul   **1993-1994**

            Computer Sales Representative

- Conducted training of staff and customers in computer system setup and operations.
- Gained excellent experience in system operations and various types of hardware and software.

            Seoul Inc., Seoul   **1990-1992**

            Collections / Assistant Manager

- Directed and maintained collection operations related to past-due credit card accounts, including credit checks and status reporting.
- Assisted in training and supervising staff in all operations.

EDUCATION: **Seoul Tech College, Seoul**   **1988-1990**

            Major: Marketing

Courses included business math, marketing, communications and human relations.

REFERENCE: Available upon your request

Kil Dong Hong

123 Suseo-Dong, Kangnam-Ku, Seoul, Korea
Office.02-123-1234, Mobile.011-111-1111, kdhong@hrforum.co.kr

SUMMARY OF QUALIFICATIONS

- Advertising/sales promotion
- Agency operations/relations
- Domestic/international campaigns
- Multimedia planning/buying
- Direct marketing
- Brochure/catalog development

- Travel industry
- International cruise line industry
- Transportation industry
- Off-peak sales strategies
- New market development
- Public relations

CAREER ACHIEVEMENTS

- As Director of Advertising and Sales Promotion at Hankuk Communications, converted Corporate Advertising into a first-rate $15 million operation which helped facilitate expansion from 38 to 112 ships worldwide.
- Introduced several major changes and innovations to Hankuk Communications' advertising and promotional material including the use of world-class photographers and illustrators.
- Helped achieve worldwide occupancy rate of over 72% by upgrading the quality, creativity, and payback of Hankuk Communications' advertising and sales promotions: instituted local management accountability and significantly improved leadership, response and marketing analysis.
- As Vice President and Account Director at the XYZ Advertising Agency, successfully executed politically sensitive multimillion-dollar campaigns for the Seoul Transportation Authority.
- As a Sales Vice President at a Fortune 500 Corporation, increased annual billing $18 million by signing and managing major accounts including the much sought after Essex Cruise Line.

CAREER EXPERIENCE

FREELANCE CONSULTANT, Seoul   1995-Present
Promotional Consultant
Develop and present comprehensive proposals for major cruise lines.

(옆면에 계속)

XYZ ADVERTISING AGENCY, Seoul   1989-1995
Vice President and Account Director
Responsible for direct mail programs for the Seoul Transportation Authority; supervised vacation package program for the Seoul Chamber of Commerce. Developed proposals to generate new business from tourism sector. Consultant on Acme Cruise Lines and SRO Cruise Lines.

Hankuk Communications, INC., Seoul   1986-1989
Director of Advertising
Supervised creative staff and administered $18 million budget:
- Worked with outside advertising firms to develop strategies and execute global media plans.
- Monitored activities of European and South American offices.
- Upgraded promotional materials to generate better response.
- Upgraded staff training and development; created and distributed operating manuals.

Seoul Corporation, Seoul   1982-1986
Vice President of Sales & Marketing
Accelerated product acceptance and signed major cruise lines. Managed and accelerated the billings from our largest cruise line account.

EDUCATION

B.S.	Hankuk University
M.B.A.	Hankuk Graduate School of Business Administration

REFERENCES PROVIDED UPON REQUEST

Kil Dong Hong

123 Suseo-Dong, Kangnam-Ku, Seoul, Korea
Office.02-123-1234, Mobile.011-111-1111, kdhong@hrforum.co.kr

PROFILE OVERVIEW:

Experienced professional with a successful career in banking, business development, and administration
- Excel at interfacing with others at all levels to ensure organizational goals are attained
- Proactive approach has resulted in capturing numerous accounts and expanding client base
- Possess excellent interpersonal, analytical, and organizational skills
- Excel within highly competitive environments where leadership skills are the keys to success
- An effective manager with the skills necessary to direct, train, and motivate staff to its fullest potential.

BANKING EMPLOYMENT:

HANKUK BANK   Seoul
Assistant Vice President   1994 - Present
- High-profile management position accountable for soliciting community business accounts and developing strategic alliances with clientele.
- Devise and implement innovative marketing principles and promotional sales events for commercial and consumer projects to further support financial growth.
- Counsel high net-worth individuals and corporate clients with regard to investment opportunities, risk analysis, and monetary returns.
- Participate in community events to position the Bank as a leader within the territory.

Highlights:
- Generated over $100,000 in revenue and fee income within a 4-month period.
- Developed a strategic marketing campaign targeting accountants, attorneys, and medical professionals which has generated substantial referrals.

REPUBLIC NATIONAL BANK of Seoul   **Seoul**
Assistant Treasurer   1987 - 1994
- Directed daily operations for a retail bank, including branch sales, business development,

(옆면에 계속)

customer service, and credit analysis.
- Analyzed financial statements and pertinent information to determine creditworthiness of prospective customers.
- Counseled corporate clients and high net-worth individuals with regard to their borrowing needs.

EDUCATIONAL BACKGROUND:

Bachelor of Arts in Social Science (1986)

Hankuk University • Seoul

Dean's List

CERTIFICATIONS:

Financial Statement Analysis

Business Development Skills

Mortgage Specialist

Kil Dong Hong

kdhong@hrforum.co.kr

123 Suseo-Dong, Kangnam-Ku, Seoul, Korea   Office.02-123-1234, Mobile.011-111-1111

OVERVIEW

CORPORATE CONTROLLER - Fifteen years' experience with high-volume manufacturer, demonstrating consistent record of impacting profit performance throughout tenure. Instrumental in reducing overhead $2.9 million (16%) and contributing to operational goals and personnel relations. Strengths include general ledger, financial statements, financial analysis, budgeting, cash management, and internal and external reporting. Prior experience in public accounting with leading international firm.

PROFESSIONAL EXPERIENCE

Hankuk Inc., Seoul   **1981-Present**

CONTROLLER: Manage financial and accounting functions for manufacturer generating annual sales in excess of $195 million. Accountability extends to financial statements, profit flow/cash flow analysis, and management of lines of credit. Hire and supervise accounting staff of ten. As management team member, participate in strategic planning, including expense forecasting, tax planning, and cash management/investment strategies.

Corporate interface with lenders and auditors (international accounting firm, IRS, Property Tax Assessors). Report directly to CEO. Promoted from Director of Accounting/MIS in 1989.

Selected Contributions:

- Provided financial data and accounting services in connection with change in ownership, including licensing requirements, conversion from S corp to C corp, and collaboration with attorney.
- Reduced primary expense category from 50% to 34-36%, saving company approximately $1.2 million through implementation of purchasing controls.
- Directed conversion of 401(k) program from company-directed to employee-directed program, reducing employer liability and labor costs of approx. $135,000 by off-loading management of funds.
- Established overhead budgeting system using Microsoft Excel to improve expense tracking.
- Introduced cafeteria plan and designed bonus system to improve employee morale during

(옆면에 계속)

downsizing.
• Improved relations with and reduced turnover among mid-management and support staff.

Seoul Inc., Seoul   **1978-1981**
SENIOR AUDITOR: Supervised audit team. Representative client list included securities firms, manufacturers, government entities, and financial institutions.

EDUCATION AND PROFESSIONAL
Certified Public Accountant
M.S., Taxation – Seoul School of Business
B.S., Business Administration – Hankuk University

Kil Dong Hong

123 Suseo-Dong, Kangnam-Ku, Seoul, Korea

Office.02-123-1234, Mobile.011-111-1111, kdhong@hrforum.co.kr

CAREER SKILLS/KNOWLEDGE

- Customer service/direct sales
- Client development/retention
- Credit & collection strategies
- Cold-calling/telemarketing
- Competitive maneuvering

- Presentations/demos
- Closing/contract negotiations
- Operations/service/quality control

- Communications/training
- Facilitator/leadership skills
- Platform skills/group presentations
- Team building/training
- Staff development/productivity growth

- IBM/MAC PC applications
- Excel/Lotus 1-2-3/DBase II
- IPowerPoint / HarvardGraphics / Wordperfect

CAREER ACHIEVEMENTS

As Credit & Collections Manager for an international soda producer, reduced seriously aged receivables and achieved a 94% current status in only a few months by instituting aggressive collection strategies: established constructive dialogue with delinquent customers and made use of stop-shipment leverage; investigated validity of customer-generated credits recovering 88%.

Promoted to Sales Manager at a Utah commercial services company based on number one sales ranking and bottom-line contributions in doubling company revenue: cold-called, closed, and serviced lucrative, difficult-to-sell Fortune 500 and smaller clients including Eagle Supermarkets, Bob Smith Restaurants, Hardee's Inc., Eckerd Drugstores, and Pizza Hut. Overcame strong resistance to sell, service, and retain major corporate accounts which generated over $1 million in five years for the Utah commercial services company: circumvented union resistance to land the lucrative Eagle account; outmaneuvered the competition by offering and delivering better quality service to land the profitable Bob Smith and Hardee's accounts.

As liaison to the operations manager and service delivery staff of the Utah services company, significantly upgraded service, prevented and resolved customer and employee problems, and enhanced overall morale and productivity: customer complaints dropped 50%; retention of

(옆면에 계속)

customers with problems increased from 55% to over 93%; employee turnover radically declined.

Based on bottom-line sales achievements and demonstrated leadership in turning around service operations, was offered the General Manager position by the owner of the Utah company: was selected from several candidates to fill this position created by the relocation of the owner.

As a member of the Quality Control group at the Acme Corporation, uncovered potentially serious operational problems that had created serious backlogs which threatened the validity of the shelf-life testing process: formulated and gained approval for $100,000 worth of corrective actions which eliminated the backlog and reinstated the validity of the testing process.

CAREER EXPERIENCE

Hankuk Inc., Seoul 1993-Present
Manager of Credit & Collection: Accelerated the collection of high-dollar aged receivables by

creating receivables tracking reports for chronically slow-paying customers: over a three-month period, reduced average payment days by as much as 43% for large volume clients.

Hankuk corporation, Seoul 1988-1993
Testing Analyst: Implemented Statistical Process Control in testing areas and designed projects for the Quality Control group: gathered and analyzed data for Q.C.; presented data, conclusions, and recommendations to Quality Assurance management; assisted Q.A., Reliability, Advertising, and Development in acquiring test data; tested production and pilot-line samples.

Investigated and uncovered a serious procedural weakness in the sample testing process that allowed leakage to go undetected: corrected the problem by recommending and instituting procedures to supplement the computer testing.

Sales Manager: Marketed and sold services to Fortune 500 and other businesses: formulated marketing strategies and promotions; developed and presented proposals; negotiated contracts. Also comanaged and upgraded service operations.

Hankuk university, Seoul 1987-1988
Worked and earned a B.S. degree while maintaining a straight an average at this multicampus college: planned special events for and delivered 300 presentations to groups of 400 people;

(뒷면에 계속)

supervised the shipping and receiving department; coordinated advertising and direct mailings.

As part of the leadership training, executed challenging exercises in self-reliance: traveled over thousand miles without transportation and spent the next several days mountain climbing.

EDUCATION

B.A.   Utah State University   Self financed   1986
B.S.   Georgia State University   Self financed   1988
Honors/Awards: Leadership Award (Any Town, CA); Citizenship Award (Any Town, CA)
Leadership Activities: Captain/Varsity Player in several sports
Languages: Strong German; moderate French and Spanish; studied Asian languages

ADDITIONAL TRAINING : Technical Layout Reading; Professional Carpentry
VOLUNTEER ACTIVITIES : Reading Projects and Centers for Developmental Disabilities

REFERENCES PROVIDED UPON REQUEST

Kil Dong Hong

123 Suseo-Dong, Kangnam-Ku, Seoul, Korea
Office.02-123-1234, Mobile.011-111-1111, kdhong@hrforum.co.kr

JOB OBJECTIVE: Electric Engineer for assembly and production

SUMMARY OF QUALIFICATIONS:
- Extensive background in the assembly and installation of electrical components and machine parts, on job sites and production lines.
- Skilled in troubleshooting and promptly taking corrective action; read and interpret blueprints/bills of materials; adhere to safety policies, procedures and codes.
- Utilize ARC and MIG welders, micrometers, air gun nailers, torque wrenches, hammers, screwdrivers, drill presses, shears, Whitney press; operate forklifts and cranes

EMPLOYMENT:
Hankuk Inc., Seoul   **1/94-Present**
Service Representative
- Installed, connected, tested and adjusted new electrical equipment including coils, stackers and slitting lines, for large-scale machinery.
- Utilized rod and MIG welders extensively.
- Traveled to customer sites in Midwest and West.

Seoul, Inc., Seoul   **10/92-12/93**
Assembler
- Primarily assemble foundry machines and roofing lines for clients in diverse regions including China and Vietnam; adhere to blueprint and bill of materials specifications.

Cheil, Inc., Seoul   **1/87-9/92**
Assembler
- Operated a crane and standard pallet forklifts to assemble and install such parts as large overhead frames.
- Performed shipping/receiving activities including packing crate boxes for domestic and international orders.

Happy, Inc., Seoul   **4/85-12/86**
Assembler
- Operated automated equipment to assemble and inspect a variety of products including pop

(뒷면에 계속)

cans and automobile hoods, doors and fenders.

EDUCATION:

Seoul Technical Institute, Seoul   **Graduated 1984**
Diploma: Automotive and Diesel Mechanic

Baemoon High School, Seoul   **Graduated 1983**

Kil Dong Hong

123 Suseo-Dong, Kangnam-Ku, Seoul, Korea
• 82+2-111-1111(ext.100)(O) • 82+11-111-1111(M) • kdhong@hrforum.co.kr

OBJECTIVE

To obtain an opportunity for further growth as a Senior Consultant, with emphasis on services or products related to human resource area to group and individuals.

SUMMARY OF QUALIFICATIONS

- More than 9 years of consulting, business development, sales experience in leading edge human resources industry.
- Dynamic, multilingual leader with expertise in multi-cultural environments
- Expertise in HR consulting skill for global and Korean market.
- Quick learner with ability to rapidly achieve organizational integration, assimilate job requirements and employ new methodologies. Energetic and self-motivated team player/builder. At ease in high stress environments requiring superior ability to effectively handle multi-task levels of responsibility.
- Excellent communication, interpersonal, intuitive, analysis and leadership skills. Proven ability to work efficiently in both independent and team work environments. Known for exceeding goals and objectives.
- Experienced in various corporate environments, and interfacing with multiple cross team environment. Ability to handle multiple projects of similar/dissimilar nature.

CONSULTING EXPERIENCE

Nov.2001 ~ Current   **HR FORUM(Humanlogic Co.,Ltd.)**   **Seoul**
CEO, Managing Consultant
HR FORUM is one of the leading Executive Search Consulting firm in Korean market, which is established in last year by myself. This company provides executive search consulting service through all industries including IT, Consumer, Industrial, Professional Service, and etc.

Business Development
Established Humanlogic Co.,Ltd to realized the ideal total recruiting company through

(뒷면에 계속)

executive search service, on-line job portal, and career development training area. Developing
the business plan for iHR FORUM.com which is the international recruiting web site for
Korean job seeker. Developing the business plan for Career Development Academy to provide
training program and consulting service for students.

Sales and marketing

Cultivated relationships with client base in the all area of industry, establishing company,
products and services, as well as uncovering new client needs. Advertising on the newspaper
and press release in order to increase the brand name. Analyze Korean recruiting market and
develop the marketing and sales strategy.

Consulting

Provide consulting service of recruiting strategy and interview skills to the HR staffs, hiring
manager, and top management of clients. Provide career development consulting to
candidates.

Management

Direct and manage 4 consultants and 2 researchers to enhance their competencies and
proficiencies. Experienced and trained modern management practices. Recruited, trained,
evaluated, and mentored people ranging from entry level to senior manages.

Jun.2000 ~ Nov.2001   The Hankuk Group   Seoul
Partner, Director of IT consulting team
The Hankuk Group Korea is one of the best Executive Search Company in Korea, which is
headquartered in London.
Developed and implemented a innovational sourcing and management system. Provided
leadership in the area of marketing, sales and client relationship. Team management and
setting the budget and goal of team. Consulted with clients and candidates for hiring and job
seeking. Developed new business strategy and plan to broaden the business area to on line job
portal and education center.

HR EXPERIENCE

Nov.1997 ~ Jun.2000   ABC Korea   Seoul
Recruiting and Training Manager

Recruiting

Directed regional recruitment activities. Designed, developed and implemented programs and
campaigns to reach specialized target groups. Created and negotiated placement of a variety of

(옆면에 계속)

advertising with the print and newspaper. Developed and controlled annual operating budgets. Established and maintained working relationship with select employment agencies. Consulted with hiring managers and trained them interview skill, hiring process.

Training

Developed and conducted a variety of training programs for all kinds of employees. Developed and controlled the annual training budgets and company training map. Consulted the training and people development issues with management.

Feb.1995 ~ Nov.1997   Hankuk Electronics Co., Ltd   Seoul
International Recruiter

Recruited Ph.Ds, Masters, MBAs, and the experienced from abroad with 100 job vacancy for Ph.D. a year. Planned and executed field recruiting trips to major country, seminars, career centers, conferences and universities. Designed and implemented overseas recruiting programs. Increased the qualified candidate pool by 80%. Created innovative approaches to recruiting operations. Developed and implemented Recruiting Management System named by 'HRIS' .

OTHER EXPERIENCE

Oct.1993 ~ Feb.1995   GABO El Salvador Co., Ltd   San Salvador
Office Manager

GABO El Salvador is the sub company of Korean textile company, GABO Trading. It had 20 manufacturing lines and 1,000 employees at that time.
Took the charge of Human Resources, General Affairs, Accounting, Finance Controlling, and contract management.

Teaching Experience as special lecturer for "Career Development Planning and The right way of Job Seeking" in several major universities
• Chung Ang University, Sep.2001
• Dae Chun University, Sep.2001/Sep.2000
• Sugang University, Aug.2001
• Hankuk University of Foreign Studies,Aug.2001

(뒷면에 계속)

EDUCATION

Feb.1994   Hankuk University of Foreign Studies   Seoul

Bachelor of Arts in Spanish language and literature

PROFESSIONAL TRAINING

- Situational Leadership, Microsoft, 2000
- Global Recruiting Symposium, Microsoft, 2000
- Fundamental management training, Microsoft,1999
- SPIN, Sales Training, Microsoft,1999
- MBTI, Microsoft, 1999
- Win-Win Negotiation Strategy, Microsoft,1998
- Time Management Training, Microsoft, 1998
- Interviewer Training, Microsoft, 1998
- New employee Orientation, Microsoft,1997

SKILLS

- Fluent in written and spoken English
- Intermediate of written and spoken Spanish
- Excellent user of Microsoft Office products, Windows NT/XP.

REFERENCES

Available upon your request.

Kil Dong Hong

123 Suseo-Dong, Kangnam-Ku, Seoul, Korea

Office.02-123-1234, Mobile.011-111-1111, kdhong@hrforum.co.kr

OBJECTIVE

To obtain an opportunity for further growth as a Market Researcher, with an emphasis on Computer hardware products to groups and individuals

EDUCATION

M.B.A.	Marketing	Hankuk University	1988
		Graduate School of Business	
B.A	Psychology	Hankuk University	1980

MARKET RESEARCH SKILLS

- Questionnaire development
- Attribute lists
- Features definition
- Product/service characteristics
- Questionnaire validation
- Client interaction
- Pretest for bid costing
- Response precoding
- Field staff interaction
- Develop/write table shells
- Establish/design tab plan
- Data collection/validation
- Topline analysis
- Analysis of marginals
- Closed-end data analysis
- Open-end data analysis
- Presentation of results
- Draft/final reports

MARKET RESEARCH ACHIEVEMENTS

- Completed a well-received year-long research study for the credit card division of a major financial services corporation; resulted in major changes in their strategy for promoting credit card use in discount retail outlets.

- Prevented serious customer relations problems for a major southwestern bank by identifying the specific negative impacts of closing down local branches; resulted in specific actions to reduce the negative perceptions of customers displaced by the branch consolidations.
- At ABC Company, attention to detail resulted in my uncovering the specific reasons causing a new version of a well-known consumer product to score poorly with institutional

(뒷면에 계속)

buyers.

- At ABC Company, performed a major product comparison research study which was rated "excellent" ; a rating not often given to studies at ABC.
- Conducted a research study which outlined the most effective strategy for introducing a new banking package that merged credit card, checking, savings, and money market accounts into a single compact statement-the strategy worked well.
- Significantly upgraded the image of a discount line of widgets through a creative visual marketing campaign showing the widgets in upscale settings.

At ABC, performed a spokesperson research study for a well-known specialty product; resulted in retaining the current celebrity spokesperson, as study results confirmed the correctness of the original selection.

CAREER EXPERIENCE

ABC COMPANY, Seoul 7/89-Present
Senior Project Director
Conducted market research studies for major consumer product and financial services industry clients.

XYZ, INCORPORATED, Seoul 3/87-7/89
Senior Project Director
Conducted research projects as a member of the in-house market research staff of this manufacturer of consumer products.

ACME RESEARCH ASSOCIATES, INC., Seoul 6/82-3/87
Project Coordinator-Custom Market Research Services
Promoted to this position. Received in-depth training in key aspects of primary consumer market research, learning and experiencing all the steps in conducting a research study from the design state through analysis and report preparation.

Applied skills to produce studies which had bottom-line impact in marketing of our products.

AD SERVICE COMPANY, Seoul 8/80-6/82
Research Analyst
Performed quantitative and administrative functions for this supplier of audit information to

(옆면에 계속)

Fortune 500 consumer products companies. Prepared weekly posting sheets and sent to field auditors; pulled summary posting sheets when returned; compiled data and performed analytical steps to get monthly calculations; and assisted in report writing.

REFERENCES PROVIDED UPON REQUEST

국문 자기 소개서 샘플

1. 신입 사원

자 기 소 개 서	
성장 과정	어릴 때부터 과학과 수리에 관심이 많았습니다. 그래서 수학 경진대회와 여러 과학관련 경진대회에서 입상한 경력이 있습니다. 중,고등학교 시절에는 차분한 성격을 가지고 있었으며 제가 맡은 일을 묵묵히 잘 수행하는 편이어서 주위의 선생님들과 부모님 그리고 친구들에게 인정을 받으면서 생활을 했습니다. 새로운 환경의 대학은 저에게 중요한 인생의 전환점이 되었습니다. 자유로운 시간과 분위기에서 동아리와 동문회 활동을 하면서 인간관계, 조직과 개인, 선배의 중요성 등 이전에는 알 수 없었던 많은 가치들을 알았습니다.
성격 및 생활 신조	세상에 모든 것은 양면의 가치를 가지고 있다는 생각을 가지고 있습니다. 그래서 모든 것을 바라 볼 때 항상 긍정적이고 적극적인 자세로 받아들이고 있습니다. 계획을 세우는 데 신중한 편이라 시간이 다소 필요하나 한 번 결정한 것에는 꾸준히 밀어 붙여서 일을 책임감을 가지고 매듭짓는 편입니다. 모든 문제는 자신에서부터 시작된다고 생각하고 있기 때문에 다른 사람을 대할 때는 항상 적극적이면서 상대방의 입장을 고려하는 편이라 조직이나 단체에 잘 적응하고 주위에 사람이 많은 편입니다.
지원 동기	외환위기 이후에 대한민국 모든 국민의 가치들이 변하기 시작했습니다. 외형보다는 자신의 핵심역량과 기술력과 우수한 인재를 확보하고 있는 기업만이 살아 남을 수 있다는 것을 보아 왔습니다. 개인으로는 지금까지 익숙했던 것과는 다른 환경에 적응해야 했습니다. 그 중에서 가장 중요한 것은 자기자신이 하고자 하는 분야에 전문적인 지식과, 개인보다는 팀이 우선되는 희생정신이 있는 사람만이 살아 남을 수 있다는 것을 알게 되었습니다. 저는 대학에서 공학을 전공을 하였고 공학적 마인드를 바탕으로 기업에서 필요한 인재로 거듭나기에 핵심역량을 바탕으로 견실하게 성장해온 이 기업에서 실현될 수 있다는 생각을 가지고 있기 때문에 지원을 하게 되었습니다.
희망 업무 및 사유	사업화가 가속되면서 모든 기업은 공급과잉의 시대에서 생존하기 위해 여러 노력을 하고 있음을 알고 있습니다. 최적화된 세계화와 경영혁신 특히 자금경영 없이는 효과적인 기업경영이 어렵다고 생각하고 있습니다. 이러한 모든 기업에서 없어서는 안될 핵심역량을 배울 수 있는 곳에서 사회의 첫발을 내디디고 싶습니다. 그러기 위해서는 고객이 바라는 요건이나 고객의 눈높이를 맞추어 줄 수 있는 경험과 능력을 가지고 기업에 대한 여러 지식을 바탕으로 최적화된 자금 운용 능력과 그것을 바탕으로 고객들에게 강하게 어필해서 우리 회사의 컨설팅을 통해 사용자를 많이 확보하는 일에 많은 보람을 느끼고 싶습니다.
장래 포부	저는 팀의 일원으로서 파트너님들을 비롯한 선배님들에게 항상 배우는 자세로 회사의 여러 부분과 업무들에 대해서 누구보다 빨리 지식과 경험을 습득해서 팀과 회사의 발전에 조금이나마 도움이 되는 사람으로 발전하고 싶습니다. 세계화, 분업화, 전문화가 될수록 아이러니 하게도 팀이 우선이 되어야 하고 팀웍이나 자신이 속해 있는 조직이 발전을 해야만 자신의 발전이 있을 수 있다는 것과 경쟁력이 있는 기업만이 세계 시장에서 살아남을 수 있는 것도 보아 왔습니다. 저도 경쟁력 있고 세계와 경쟁할 수 있는 기업의 일원이 되어서 꿈을 펼쳐보고 싶습니다.

2. 경력 사원

영업은 전쟁이다. 프로만이 살아남는다.

저는 "프로"라는 말을 사랑합니다. 그리고 그 단어 만큼 "영업"을 사랑합니다.. 프로라는 말 속에는 왠지 모를 치열함과 전문가적인 자존심이 도도하게 스며 있는 것 같습니다. "프로"라는 단어는 제가 삶을 살아 나가는 이정표이며, "영업"은 제가 열심히 씨앗을 뿌리고 거두어 들일 수 있는 텃밭이라고 생각합니다 .

어릴 때부터 저는 많은 상인들을 보며 자라왔습니다. 저의 아버지가 시장 상인이셨으며, 저의 이웃 대부분은 시장에서 삶을 일구어 나가는 상인들이었습니다. 저의 아버지는 어린 시절부터 나에게 돈과 돈 버는 방법에 대해 많은 생각을 할 수 있도록 지속적인 자극을 주셨고, 이러한 성장 과정을 통해 저는 대학 2년 때부터 조그마한 사업을 시작하였습니다. 주로 학생들을 대상으로 각종 정보를 제공하고 그 정보를 제공한 대가로 일정의 비용을 청구하는 사업이었는데 큰 돈을 벌지는 못했지만, 대학 4년 간의 등록금 및 용돈으로 쓰기에는 충분한 돈을 벌 수 있었습니다..

대학 졸업 후 체계적인 영업 및 사업을 배우기 위해 세계적인 핸드폰 제조 회사인 한국 전자에 입사하여 국내 영업 사업부 소속으로 본격적인 영업맨으로서의 경력을 시작하게 되었습니다. 저는 이 곳에서 서울 지역 총판 관리 및 영업 업무를 맡아 그전까지 123억 원에 불과 하던 서울지역 매출을 업무를 담당한 지 2년 8개월 만에 250억 원으로 늘리는 100% 성장을 달성하였으며 이러한 실적에 힘입어 1년 이라는 시간을 단축하면서 대리로 진급하였습니다.

영업맨으로서 저의 최대 강점은 철저한 고객 지향적 마인드로 고객을 대한다는 점입니다. 아울러 고객에게 우리 회사의 제품을 강매시키는 장사꾼의 모습이 아닌, 고객이 가진 요구 사항 및 어려운 점을 최대한 반영하게 고객에게 가장 완벽한 솔루션을 제공하는 컨설턴트로서의 모습을 보여주려 노력하고 있다는 점입니다. 고객은 제품 판매에만 혈안이 되어 있는 장사꾼에게는 절대 마음의 문을 열지 않습니다. 자신의 어려운 점을 솔직히 털어 놓고 뭔가 해결책을 얻을 수 있는 사람에게 마음의 문을 엽니다. 이것은 제가 지금껏 가지고 있는 영업의 가장 기본적인 철학이라고 할 수 있습니다.

Korea Software는 평소 매우 많은 관심을 가지고 지속적으로 회사의 성장과 마케팅 전략 등을 지켜 보아왔던 회사입니다. 특히 이번에 제가 지원하는 Enterprise and Partner Group의 Account Manager 자리는 매우 해 보고 싶은 업무입니다. 한국 전자에서 3년 간 활동했던 영업 총판 관리 및 양판점 영업 경험과 대학 전공을 통해 습득하게 된 소프트웨어 제품에 대한 전문적인 지식은 제가 이 업무를 성공적으로 수행할 수 있는 저의 최대의 장점입니다. 저는 이 업무를 통해 정보 통신 분야 전문 영업맨으로서의 경력을 확고히 하고 이 분야 국내 최고의 프로가 되기를 희망합니다.

국내 주요 헤드헌팅 회사 (Executive Search Firm)

HR FORUM

- 전문 분야 : 정보 통신, 소비재, 금융, 화학, 제약 등
- 주고객사 : 외국계 기업, 국내 대기업, 벤처 기업, 상장 기업
- 연락처 : 02-451-5355(대)
- 주소 : 서울시 서초구 반포동 51-7
- URL : http://www.hrforum.co.kr/

Brisk & Young Associates

- 전문 분야 : 정보 통신, 소비재, 금융, 화학, 제약 등
- 주고객사 : 외국계 기업, 국내 대기업, 벤처 기업, 상장 기업
- 연락처 : 02-536-0086(대)
- 주소 : 서울시 서초구 반포동 52-7 진일 빌딩 6층
- URL : http://www.briskyoung.com/

Dream Search

- 전문 분야 : 정보 통신, 소비재, 제조 등
- 주고객사 : 외국계 기업, 국내 대기업, 벤처 기업, 상장 기업
- 연락처 : 02-569-3833(대)
- 주소 : 서울 송파구 가락본동 제일빌딩 5층
- URL : http://www.dreamsearchkorea.com/

Unico Search

- 전문 분야 : 소비재, 금융, 제조, 정보 통신 등
- 주고객사 : 외국계 기업, 국내 대기업, 벤처 기업, 상장 기업
- 연락처 : 02-551-0449(대)
- 주소 : 서울시 강남구 삼성동 159-9, 도심공항타워 1705호
- URL : http://www.unicosearch.com/

The HR

- 전문 분야 : 소비재, 금융, 제조, 정보 통신 등
- 주고객사 : 외국계 기업, 국내 대기업, 벤처 기업, 상장 기업
- 연락처 : 02-508-5725(대)
- 주소 : 서울 강남구 대치동 889-5 샹제리제센타 A동 1214호
- URL : http://www.the-hr.com/

KK Consulting

- 전문 분야 : 정보 통신, 소비재, 금융, 화학, 제약 등
- 주고객사 : 외국계 기업, 국내 대기업, 벤처 기업, 상장 기업
- 연락처 : 02-551-0203(대)
- 주소 : 서울시 강남구 삼성동 159-6 도심 공항 터미널 빌딩 514호
- URL : http://www.kkconsulting.com/

Seoul Search

- 전문 분야 : 소비재, 제조, 금융, 화학, 제약, 정보 통신, 등
- 주고객사 : 외국계 기업, 국내 대기업, 벤처 기업, 상장 기업
- 연락처 : 02-564-4747(대)
- 주소 : 서울시 서초구 서초동 1330 코아텔 빌딩 15층
- URL : http://www.seoulsearch.co.kr/

Top Business Consultants Service

- 전문 분야 : 정보 통신, 소비재, 금융, 화학, 제약 등
- 주고객사 : 외국계 기업, 국내 대기업, 벤처 기업, 상장 기업
- 연락처 : 02-551-0361(대)
- 주소 : 강남구 삼성1동 159번지 무역센타 35층 3501호
- URL : http://www.headhunter.co.kr/

Solution

- 전문 분야 : 금융, 소비재, 제조 등
- 주고객사 : 외국계 기업, 국내 대기업, 벤처 기업, 상장 기업
- 연락처 : 02-565-5362(대)
- 주소 : 서울시 강남구 삼성동 141-28 동신빌딩 15층
- URL : http://www.solution.co.kr/

TMP Worldwide

- 전문 분야 : 정보 통신, 금융, 소비재, 제조 등
- 주고객사 : 외국계 기업, 국내 대기업, 벤처 기업, 상장 기업
- 연락처 : 02-2016-5500(대)
- 주소 : 서울시 강남구 삼성동 159-9 도심 공항 타워 16층
- URL : http://korea.tmp.com/

ITP Worldwide

- 전문 분야 : 금융, 소비재, 제조 등
- 주고객사 : 외국계 기업, 국내 대기업, 벤처 기업, 상장 기업
- 연락처 : 02-3477-6095(대)
- 주소 : 서울시 서초구 잠원동 76-4 우진 빌딩 7층
- URL : http://www.leeandpartners.com/

HR Partners

- 전문 분야 : 정보 통신, 금융, 소비재, 제조 등
- 주고객사 : 외국계 기업, 국내 대기업, 벤처 기업, 상장 기업
- 연락처 : 02-2112-1919(대)
- 주소 : 서울시 강남구 역삼동 737 스타 타워 15층
- URL : http://www.hrpartners.co.kr/

HR Korea

■ 전문 분야 : 정보 통신, 금융, 소비재, 제조 등

■ 주고객사 : 외국계 기업, 국내 대기업, 벤처 기업, 상장 기업

■ 연락처 : 02-566-2228(대)

■ 주소 : 서울시 강남구 역삼동 720번지 19-20 마르코폴로 빌딩 2층

■ URL : http://www.hrkorea.co.kr/

Scout Consulting (구 HT Consulting)

■ 전문 분야 : 금융, 소비재, 제조, 정보 통신 등

■ 주고객사 : 외국계 기업, 국내 대기업, 벤처 기업, 상장 기업

■ 연락처 : 02-533-3912(대)

■ 주소 : 서울 서초구 방배동 753-5 화련 회관 빌딩 6층

■ URL : http://www.htconsulting.co.kr/

Venture People

■ 전문 분야 : 정보 통신, 금융, 소비재, 제조, 등

■ 주고객사 : 벤처 기업, 상장 기업

■ 연락처 : 02-2016-6600(대)

■ 주소 : 서울시 강남구 삼성동 159-9 도심 공항 타워 1207호

■ URL : http://www.venturepeople.co.kr/

국내 주요 온라인 채용 사이트

리크루트

- 구인 구직, 채용 및 취업정보, 온오프라인 채용대행, 헤드헌팅, 인적성검사, 합격자발표, 시험출제 대행, 대학취업전산망 구축.
- http://www.recruit.co.kr
- 주소 : 서울시 중구 장충동2가 162-1 태광 빌딩 8층
- 대표전화 : 02-2266-1797
- 팩스 : 02-2266-1953

스카우트

- 직종별, 분야별 구인 웹 리크루팅 서비스, 상시 채용, 아르바이트 정보, 이력서, 면접 등 취업자료실, 인재DB 제공
- http://www.scout.co.kr/
- 주소 : 서울시 서초구 방배동 753-5 화련 회관 빌딩 6층
- 대표전화 : 02-3482-3366
- 팩스 : 02-3482-4575

인크루트

- 업종별, 직종별 등 취업, 구인 정보, 채용속보, 아르바이트, 헤드헌팅, 동영상프로필 서비스 제공
- http://www.incruit.com/
- 주소 : 서울시 강남구 논현동 278-3 한컴 타워 빌딩 4층
- 대표전화 : 02-584-9901
- 팩스 : 02-584-9980

잡코리아

- 구인구직, 채용 및 구직속보, 취업 가이드.
- http://www.jobkorea.co.kr/
- 주소 : 서울시 강남구 역삼동 823-14 신원 빌딩 8층
- 대표전화 : 02-565-9350
- 팩스 : 02-565-9351

커리어

- 직종별, 지역별, 외국계 및 대기업, 공기업 구인, 상시채용 정보, 자기소개서 예, 이력서 양식, 면접 등 취업자료 제공.
- http://www.career.co.kr/
- 주소 : 서울시 강남구 삼성동 130-10 KM 빌딩 2층
- 대표전화 : 02-3453-8231
- 팩스 : 02-554-8323

헬로잡

- 온라인 채용 정보 제공, 취업 정보 제공, 구인/구직
- http://www.hellojob.com/
- 주소 : 서울시 중구 필동 1가 51번지 매일 경제 신문사 구사옥 2층
- 대표전화 : 02-3406-1239
- 팩스 : 02-3409-1361

인커리어

- 구인구직검색, HR컨설팅, 헤드헌팅, 인재파견
- http://www.incareer.com/
- 주소 : 서울시 강남구 대치동 891-43 MSA 빌딩 1층
- 대표전화 : 02-563-0113
- 팩스 : 02-563-0309

잡이즈

- 종합 취업정보 제공, 대기업, 상시채용, 취업가이드, 원클릭 취업검색, 주간구인발행, 인재파견, 채용대행서비스.
- http://www.jobis.co.kr
- 주소 : 서울특별시 중구 을지로 5가 273-4 수도빌딩 3F
- 대표전화 : 02-2263-5858

휴먼피아

- 취업, 채용정보, 분야별 구인구직, 온라인 입사지원.
- http://www.humanpia.com
- 주소 : 서울시 강남구 역삼동 823-14 신원 빌딩 8층
- 대표전화 : 02-564-1966
- 팩스 : 02-564-3969

구인아이

- 취업정보사이트, 화상면접시스템, 구직구인
- http://www.9ini.com
- 주소 : 서울시 강남구 역삼동 718-10번지 덕천빌딩 6층
- 대표전화 : 02-552-5309
- 팩스 : 02-552-5598

사람인

- 업종별, 지역별 취업, 아르바이트 정보, 인재파견, 헤드헌팅.
- http://www.saramin.co.kr
- 주소 : 서울시 관악구 신림동 산 56-1 서울대학교 컴퓨터신기술공동연구소 138동 514호
- 대표전화 : 02-872-2158
- 팩스 : 02-872-2156

삼일어카운팅피플

- 경영지원, 경리, 회계, 세무, 금융 등 재경분야 웹리쿠르팅 사이트.
- http://www.accountingpeople.co.kr/
- 주소 : 서울시 용산구 한강로2가 국제센터빌딩 14층
- 대표전화 : 02-709-4040
- 팩스 : 02-709-3332

엔잡

- HR포탈사이트, 채용정보, 취업가이드, 뉴스 제공.
- http://www.njob.net/
- 주소 : 서울시 마포구 서교동 464-39 Njob 빌딩
- 대표전화 : 1544-6562
- 팩스 : 02-3143-3995

워크넷-일과 사람

- 민간고용지원 네트워크, 기업회원제, 인재검색, 채용정보, 구인구직, 맞춤식 취업지원, 구직상담 센타 운영.
- http://www.worknet.co.kr/
- 주소 : 서울시 강남구 논현동 225-6 강남 YMCA 502호
- 대표전화 : 02-543-9494
- 팩스 : 02-543-5287

위즈잡코리아

- 직종별, 지역별 채용정보, 구인구직, 입사지원, 인재파견, 아르바이트, 병역특례, 취업자료.
- http://www.wizjob.com
- 주소 : 서울시 강남구 역삼동 619-5 대정빌딩 3층
- 대표전화 : 02-566-9120

이지잡

- 구인구직 신청, 검색, 취업정보 게재, 아르바이트.
- http://www.2zjob.com
- 주소 : 서울시 강서구 등촌동 562-5
- 대표전화 : 02-2632-5221

잡114

- 구인구직, 아르바이트, 취업정보, 아웃소싱 중개
- http://www.job114.com/
- 주소 : 서울시 강남구 역삼1동 809 천지빌딩 2층
- 대표전화 : 02-568-6660
- 팩스 : 02-568-6670

잡링크

- 지역별, 직종별 구인구직, 취업, 아르바이트 정보 제공.
- http://www.joblink.co.kr/
- 주소 : 서울시 영등포구 여의도동 25번지 대한빌딩 7층
- 대표전화 : 02-784-7840
- 팩스 : 02-784-6789

파인드잡

- 전국 중견기업, 중소업체 채용정보, 지역네트워크 구인구직, 취업, 온라인입사지원, 이력서, 맞춤정보, 취업검색, 벼룩시장 운영.
- http://ww.findjob.co.kr/
- 주소 : 서울시 강남구 역삼동 747-29 로케트빌딩 3층
- 대표전화 : 02-55-6543
- 팩스 : 02-555-0312